Jacques Gauthier

OS DESAFIOS DOS SESSENTA ANOS

Dados Internacionais de Catalogação na Publicação (CIP)
(Câmara Brasileira do Livro, SP, Brasil)

Gauthier, Jacques
    Os desafios dos sessenta anos / Jacques Gauthier. – São Paulo : Paulinas, 2014. –
(Coleção gerontologia)

    Título original: Les défis de la soixantaine.
    ISBN 978-85-356-3677-2

    1. Envelhecimento 2. Envelhecimento - Aspectos psicológicos 3. Envelhecimento
- Aspectos religiosos - Cristianismo 4. Idosos - Psicologia I. Título. II. Série.

13-12826   CDD-248.85

Índice para catálogo sistemático:
    1. Envelhecimento : Aspectos religiosos e psicológicos : Cristianismo   248.85

Título original: Les défis de la soixantaine
© 2009 Éditions des Presses de la Renaissance, Paris.

1ª edição – 2014

Direção-geral: *Bernadete Boff*
Editora responsável: *Andréia Schweitzer*
Tradução: *Camila Claro e Eduardo Maretti*
Copidesque: *Ana Cecilia Mari*
Coordenação de revisão: *Marina Mendonça*
Revisão: *Sandra Sinzato*
Gerente de produção: *Felício Calegaro Neto*
Projeto gráfico: *Manuel Rebelato Miramontes*

Nenhuma parte desta obra poderá ser reproduzida ou transmitida por qualquer forma e/ou quaisquer meios (eletrônico ou mecânico, incluindo fotocópia e gravação) ou arquivada em qualquer sistema ou banco de dados sem permissão escrita da Editora. Direitos reservados.

Paulinas
Rua Dona Inácia Uchoa, 62
04110-020 – São Paulo – SP (Brasil)
Tel.: (11) 2125-3500
http://www.paulinas.org.br
editora@paulinas.com.br
Telemarketing e SAC: 0800-7010081
© Pia Sociedade Filhas de São Paulo – São Paulo, 2014

A vocês, meus confidentes,
cúmplices na aventura humana,
dedico estas páginas
que fazem parte da arte de viver no presente.

"Não são necessários nove meses,
mas sessenta anos para formar um ser humano,
sessenta anos de sacrifícios,
de vontade, de... de tantas coisas!
E quando este ser está formado,
quando não há nada nele da infância,
nem da adolescência,
quando é verdadeiramente um ser humano,
não está preparado senão para morrer."

(André Malraux, A condição humana)

Agradecimentos

Agradeço às pessoas que partilharam comigo suas experiências dos sessenta anos. Espero que elas se sintam reconhecidas nestas páginas.

Um agradecimento especial ao Padre André Daigneault, que combina tão bem psicologia e fé. No momento certo, ele me forneceu algumas citações bastante apropriadas.

Obrigado a Christophe Rémond, que me estimulou a escrever esta obra.

Presto homenagem a minha esposa Anne-Marie, que me acompanha há trinta anos nos caminhos por vezes sinuosos, mas sempre arrebatadores, das idades da vida adulta. Ela me foi confiada assim como eu fui confiado a ela, até além da morte.

Sumário

Introdução 9

A transição dos sessenta 15

Andropausa e menopausa 35

Os desafios da aposentadoria 53

Tornar-se avô 73

A arte de envelhecer 87

A aridez espiritual 105

As idades da vida 127

A nossa irmã morte 151

Conclusão 171

Introdução

A vida humana é um caminho em perpétua transformação, com suas linhas retas e curvas, suas subidas e descidas. Nós caminhamos mais ou menos sozinhos nessa viagem única, porque a estrada varia para cada um de nós. Nada está traçado de antemão. Nascer, crescer e morrer são os grandes movimentos. Avançamos atravessando etapas de acordo com os desafios inerentes à cada idade: infância, adolescência, idade adulta, velhice. O limiar de cada uma das travessias comporta uma crise de crescimento pela qual a pessoa se transforma ou não, cresce ou regride, se abre ou se fecha.

> As idades da vida são separadas por crises. Elas representam as formas fundamentais da existência humana, das formas características da vida do ser humano em diversos períodos de seu caminho, do nascimento à morte. Maneiras de sentir, de ver, de se comportar perante o mundo. Esses conjuntos de características são claramente tão marcados que, ao invés de passar simplesmente de uma fase à outra, o ser humano deve, a cada passagem, se desligar, o que pode ser difícil, a ponto de se tornar perigoso. Essa passagem pode ser lenta ou rápida (Romano Guardini, *Les âges de la vie*, Cerf, 1976, p. 41).

Psicólogos e autores como Erickson, Jung, Levinson e Sheehy mostraram que a vida adulta é composta de períodos, de estágios, marcados principalmente em torno dos decênios (os trinta, os quarenta, os cinquenta, os sessenta). O ideal é "dobrar a esquina" sem prolongar demais a etapa que chegou ao final. As crises a atravessar são experiências diferentes, de acordo com os contextos socioculturais.

Essas crises impulsionam a pessoa à transformação interior, a descobrir uma nova maneira de existir. Os elementos que se desencadeiam são vários: renascimento, morte, doença, ruptura, o fim de algo, fracasso, mudança hormonal, insatisfação profunda...

A crise é, portanto, uma oportunidade que permite encontrar um novo equilíbrio. Ela nos conduz normalmente a uma maior maturidade. Cada passagem é sentida como uma pequena morte que nos despoja, um momento penoso que nos redefine, uma oportunidade de crescimento que nos ajuda a renascer, porque nós nunca terminamos de nos desenvolver, de nos transformar.

Este livro sobre a fase dos sessenta anos se situa na esteira de um outro ensaio sobre a fase dos quarenta, publicado dez anos antes. Ele não é, contudo, uma comparação entre essas duas etapas da vida adulta. A primeira, mais atormentada, é percebida como uma segunda adolescência, uma crise do desejo em que tudo é questionado; a segunda, mais serena, é aquela da integração de valores, da colheita do que se semeou, de "fecundidade" interior. Essa "serenidade dinâmica" supõe que a "crise dos quarenta" foi bem enfrentada, não foi evitada ou simplesmente eliminada, o que deixaria como consequência seu desagradável retorno alguns anos mais tarde. Nem sempre podemos viver alienados de nós mesmos, sem conhecer nossos desejos profundos, sem a comunhão com a fonte interior, sem beber da água de nosso próprio "poço". Cada etapa bem-sucedida é ocasião de um mergulho interior, de uma mutação. Essa transformação nos dá uma enorme energia, uma nova alegria, uma expansão da liberdade.

Alguns podem dizer que a vida se divide em duas partes: antes e depois dos quarenta anos. Segundo o psicólogo americano Daniel Levinson, essa etapa é a mais importante entre as transições. Seus estudos empíricos, realizados com pessoas do sexo masculino, demonstraram que o auge da crise se situa entre os 38 e os 42 anos. E pode durar até os 55 anos. Essa fase de transição serve de ponte entre o jovem adulto, homem ou mulher, e o adulto mais maduro.

Os romanos chamavam de *senex* o homem de sessenta anos, de onde vem o belo termo "senilidade". Uma pessoa era velha aos sessenta, mas isso não é mais verdade nos dias de hoje, claro.

Neste livro, deve-se compreender os sessenta anos como uma idade que vai dos 55 aos 65 anos. Este é o período em que, normalmente, chega a andropausa e a menopausa. É geralmente a idade da aposentadoria, o tempo de ser avô ou avó, o início dos sinais do envelhecimento e de uma aridez espiritual para muitos, a resignação com suas próprias limitações e a aceitação da morte. Cada pessoa vive essa etapa diferentemente, claro, segundo o balanço que faz do seu passado e a orientação que dará a seu futuro. Tudo depende de sua saúde psíquica e financeira, de sua evolução psicológica e de seu caminho espiritual. Essa etapa pode ser desagradável e dolorosa, se o indivíduo permanece inativo e amargo, ou alegre, se tem projetos e ainda é verdadeiramente protagonista da própria vida.

A idade dos sessenta anos afeta tanto as mulheres, que têm a lamentar a tristeza pela juventude perdida, quanto os homens, que se questionam sobre sua virilidade. Pensamos no sucesso crescente dos cremes antirrugas e dos medicamentos para impotência sexual. No momento em que os *baby boomers** se aposentam, observamos um frenesi por viver que pode ser sinal do medo de envelhecer. Há uma ilusão de querer jogar o jogo do desempenho em uma idade em que não se preenche mais esse espaço.

Os sessenta anos podem ser a ocasião de uma maior liberdade interior, se soubermos como superar os desafios. Essa idade convida a fazer um balanço do que acumulamos, convida à interioridade, ao silêncio que alimenta a alma, à unidade entre as diferentes partes de nosso ser físico, psíquico, social, profissional e espiritual. O desejo de amar torna-se a única coisa que verdadeiramente importa. Seus frutos são a aceitação de si mesmo e do outro, a amizade e a ternura, a sabedoria e a serenidade.

* * *

Este livro se apresenta como um guia de acompanhamento para as pessoas que se aproximam dos sessenta anos ou para quem já está neles. Ele não se limita a oferecer receitas e respostas prontas, porque cada um tem seus próprios questionamentos. O objetivo é simples: compreender a passagem dessa fase da vida

---

* *Baby boomer* é o termo que designa as crianças nascidas durante uma explosão populacional. No caso, o autor se refere à ocorrida no período que se seguiu à Segunda Guerra Mundial. (N.T.)

para viver melhor um reencontro consigo mesmo, com os outros, com o universo, e com Deus, para os que creem.

O primeiro capítulo resgata algumas atitudes importantes para superar esse momento: assumir sua passagem, escutar sua dor, reconhecer seus limites, acolher sua fragilidade, maravilhar-se, desejar amar, abandonar-se a Deus.

O capítulo seguinte é dedicado à andropausa e à menopausa, fenômenos naturais que precedem a chegada dos sessenta anos. A andropausa, que assim como a menopausa marca um ponto de mudanças para o homem, sendo muito menos conhecida será abordada mais longamente.

Essa idade é marcada pelo recolhimento, pela aposentadoria, pela alegria de, por exemplo, ser avô ou avó, assunto que será objeto dos capítulos três e quatro. A aposentadoria: desafio ou provação? Essa fase demanda mais comedimento na relação do casal, maior organização do tempo, de acordo com o sentido que damos à vida. É uma pausa para recuperar as forças. Ser avô ou avó é uma alegria singular. Quem tem a oportunidade de ter nos braços o filho do seu filho, antes de viver para si mesmo mais alguns anos, vivencia sentimentos novos e muito profundos. As questões relativas a pertencer a uma família, ter raízes e legar uma herança, despertar para a fé, serão tratadas em relação direta com a vida que se vive hoje.

O quinto capítulo tratará da realidade do envelhecimento, nestes tempos em que a expectativa de vida progride sem cessar. Com que idade começamos a ser velhos? Certamente, no período dos sessenta anos. Mas existe uma arte do envelhecimento?

Envelhecer e viver podem andar de mãos dadas? Como abordar a "melhor idade" evitando as ilusões da juventude?

Esta passagem dos sessenta anos traz também a questão da espiritualidade, isto é, a maneira pela qual a pessoa vive sua experiência humana e espiritual. Quem diz espiritualidade, diz vida, espírito, sopro, amor, dinamismo, interioridade. A vida espiritual não evolui paralelamente à nossa vida cotidiana. Ela está em crescimento e em nós. Mas o que fazer quando Deus parece ausente? No sexto capítulo, propomos dez dicas para seguir e atravessar esse deserto espiritual que todos atravessamos algum dia.

No sétimo capítulo, passaremos em revista algumas características das fases da vida, sobretudo as da idade adulta: a infância e a consciência do amor, a adolescência e a busca dos sentidos, os trinta anos e o desfrutar da vida, os quarenta e a crise de desejo, os cinquenta e a força de um segundo sopro de vida, os sessenta e o caminho da interioridade, a velhice e a aproximação da morte.

O último capítulo está reservado à nossa "Irmã Morte", segundo a expressão de São Francisco de Assis. Ela é real desde que nascemos e nos acompanha ao longo de todas as fases da vida. Aceitá-la é viver verdadeiramente, de corpo e alma. A morte será apresentada dentro de uma perspectiva cristã, ou seja, como um trabalho de amor, um renascimento, uma ressurreição.

Um texto poético conclui cada um dos capítulos para melhor descortinar o horizonte do desejo e interioridade. A poesia é como um amigo fiel, que nos revela os segredos dos sentidos e da construção do ser humano, lá onde ela está plantada. Podemos fazer dos sessenta anos uma obra de arte, se soubermos descobrir o insólito e o imprevisível oculto dentro dos dias mais comuns.

A transição dos sessenta

> Quando somos jovens,
> acreditamos que teremos muito tempo,
> todo o tempo à nossa frente,
> mas a vida passa como um *flash*,
> e de repente ficamos surpresos
> ao chegarmos aos sessenta anos.
> (André Daigneault, *La mémoire du coeur*)

A vida é uma longa sucessão de etapas, de fases, do nascimento até a morte, da infância à velhice. Cada década com suas características. Mas a vida não é a soma dessas passagens e dos traços que as distinguem, ela é inteira em cada idade, do começo ao fim.

Destaquemos algumas atitudes importantes a desenvolver entre os 55 e 65 anos. Não vivemos todo esse período do mesmo modo, claro, mas podemos vivê-lo como um crescimento psicológico e espiritual.

Assumir seu passado

Um amigo me confidenciou, recentemente, que não sentiu nada de especial quando completou 60 anos, a não ser a alegria de comemorar a festa que organizou para marcar a data. Foi alguns meses mais tarde que ele se espantou com sua idade. Aproveitou a oportunidade para fazer um balanço de sua vida e dos sofrimentos esquecidos, que voltaram à superfície. Ele revisitou as estações mais sombrias de sua existência e, assim, assumiu seu passado.

Muitos sexagenários experimentam essa necessidade de se deter, parar e fazer um balanço de suas vidas, para se centrarem melhor. É o que Jung chama de a via da "individuação", que é a realização do Si-mesmo (*self*),* o que há de mais pessoal em nós e que resiste a toda comparação.

A energia psíquica empregada no passado para consolidação do ego é redirigida a favor de um desenvolvimento muito maior de toda a personalidade. Deixamos uma imagem reduzida de nós mesmos, menos idealizada; o ser é reestruturado a partir do núcleo da identidade pessoal.

Não existem receitas e conselhos específicos para esse trabalho de individuação, em que cada um se torna o que é integrando os aspectos fragmentados de sua personalidade. Alguns chegam a partilhar com um amigo ou conversam com uma pessoa de sua confiança. Outros preferem passar esse momento num monastério

---

* Si-mesmo (*self*) é o centro da personalidade, segundo o psiquiatra e psicólogo suíço Carl Gustav Jung. (N.T.)

ou junto da natureza, escrevendo as linhas mais importantes de sua vida ou fazendo uma revisão de sua missão pessoal.

Evidentemente nós não podemos mudar o passado, mas podemos aceitá-lo. Nosso comportamento flui a partir da maneira como assumimos esse passado. Se há alguma coisa a mudar, é em si mesmo. É hora de se perguntar: qual o objetivo da minha vida? Qual a motivação fundamental que me faz agir? Como quero que os outros se lembrem de mim, após minha morte?

A ocasião é bem-vinda para o sexagenário integrar as feridas do passado, esse lado imperfeito de si mesmo, escondido no inconsciente, que Jung chamou de "sombra".*

O medo é que nos impede de explorar esse tesouro sepultado no passado: medo de não ser amado e reconhecido, medo de rir de si mesmo e sentir vergonha, medo de não estar à altura da situação e não ser bem-sucedido, medo de incomodar e de ser assertivo, medo de ser excluído ou isolado, medo de envelhecer e de morrer, medo do nada e de Deus. O Evangelho nos ensina que o amor de Deus vence todo medo. Esse amor incondicional não exige nem mérito, nem honra, nem poder para ser recebido.

O sexagenário que assume seu passado sabe melhor a diferença entre as coisas que pode ou não mudar, e reza a famosa oração: "Meu Deus, dai-me serenidade para aceitar as coisas que eu não posso mudar; coragem para mudar as coisas que posso; e sabedoria para reconhecer a diferença".

---

* Para Carl Gustav Jung (1875-1961), psiquiatra e psicólogo suíço, a sombra é "aquilo que uma pessoa não tem desejo de ser". (N.T.)

Nosso passado não é perfeito. Ele contém momentos de sombras reprimidas, que gostaríamos de ocultar ao invés de amá-las. Portanto, são esses momentos de sofrimento que revelam melhor nosso mistério de seres limitados e frágeis. Reconciliar-se com seu passado pressupõe fazer um caminho de conhecimento de si mesmo e do outro, e não ocultar os sofrimentos. É preciso humildade para aceitar isso, porque só podemos mudar o que primeiro aceitamos.

Santa Teresa de Lisieux* compreendeu bem essa lei psicológica, quando escreveu que é preciso suportar com doçura as imperfeições e se regozijar com as fraquezas.

Dizer sim a seu passado é viver o presente com uma promessa que envolve o futuro. Para os que acreditam, trata-se de redescobrir que Deus está sempre a seu lado, até mesmo nas noites mais escuras.

Se alguns se consideram incapazes de ser bem-sucedidos na vida, há sempre tempo para ter sucesso agora.

Deus, que é conhecido no Novo Testamento como um pai compassivo, dá a vida em abundância, por toda a eternidade.

Sejam quais forem os problemas, os sofrimentos, as traições, as decepções em uma vida, o ser humano ainda pode levantar sua fronte humilhada e descobrir na ternura de um pai um novo mundo que se lhe apresenta, para que consiga criar uma vida de conquistas (Jacques Leclercq, *Le jour de l'homme*, Seuil, 1976, p. 68).

---

* Conhecida no Brasil como Santa Teresinha do Menino Jesus ou apenas Santa Teresinha. Aos quinze anos, ela entrou no Mosteiro das Carmelitas, em Lisieux (França), com a autorização do Papa Leão XIII. (N.T.)

Cuidar de suas feridas

Cada um traz em si uma dor que o torna frágil e vulnerável. Essa dor é diferente daquela que o outro carrega, porque as pessoas não têm a mesma infância, a mesma família ou a mesma história. Essa dor pode ser o caminho de que dispomos para chegar ao nosso coração profundo. A aceitação interior de nossa dor conduz à cura, à paz, à serenidade, à aceitação da dor do outro. André Daigneault, padre em uma casa de caridade em Sutton (Quebec), evoca essa dor, que pode ter diferentes aspectos:

> A negação de nossas limitações, a não aceitação do nosso passado, de nosso meio, de nossa infância, de nossa juventude; a máscara com a qual procuramos esconder nossa vulnerabilidade, a revolta diante da doença, nossos problemas de caráter, a não aceitação do declínio de nossas forças, do envelhecimento que começa a se fazer sentir, uma fraqueza de caráter que nos humilha...

Nós somos e permanecemos imperfeitos. Reconhecer isso, portanto, é trabalhar pela verdade com humildade, e traçar um caminho para nos libertar da nossa própria dor. Cada pessoa faz da fase dos sessenta anos uma experiência de autoestima ou compaixão, uma ocasião de aceitar os outros tal como são, ou de voltar-se para si mesmo, num diálogo fértil com o melhor de si mesmo, ou uma fuga que se desvia do essencial, uma acolhida das fraquezas ou um julgamento dos outros, uma busca excessiva por reconhecimento, pela expressão dos talentos ou uma obsessão pelo bom desempenho.

Essas escolhas não podem ser feitas lucidamente sem que se coloque esta dupla questão: o que faço de minhas feridas e como as reconheço? Elas vêm da falta de amor, que remonta na maior parte das vezes à infância e tem muitas faces: sentimento de rejeição, falta de confiança, necessidade de ser reconhecido, busca excessiva de afeição, complexos, medo de abandono, angústia da morte. As causas possíveis são múltiplas, segundo nossa história pessoal: relações possessivas, agressões sexuais, violências psíquicas e verbais, dificuldades na escola, humilhações durante atividades esportivas, falta de coragem, doenças e deficiências, perda de um ente querido...

Aprender a se perdoar

O exemplo de uma mulher que fez um aborto pode nos esclarecer isso. Aos 25 anos, ela interrompeu uma gravidez não desejada, cedendo às pressões da família e de seu círculo social. Ela fez o aborto em meio a grande solidão e profunda tristeza. Tentou ocultar o seu gesto, escondendo-o atrás de uma carreira de sucesso. Casou-se e teve dois filhos. Quando ela se aposentou, aos cinquenta anos, aquela dor voltou de maneira inesperada. Ela não podia mais calar esta questão terrível: "Que idade aquela criança teria hoje?". Ela escutou a dor que deixou rastros em seu inconsciente. Com cuidado, transformou-a em ternura. Perdoou-se, com a ajuda de um padre, e recebeu o perdão de Deus, não sem verter as lágrimas que lavaram seu sofrimento. Ela passou a frequentar um centro que acolhe mulheres que fizeram aborto. Seu ato não foi uma fuga, porque ela se engajou por livre e espontânea vontade, em favor de jovens mães enlutadas.

Para os cristãos

Não devemos desanimar se sofremos com nossas feridas, mas sim ousar reconhecer o que nos falta. A dor cria em nós um espaço que é um vácuo e, ao mesmo tempo, uma abertura gerada pela Palavra de Deus.

Descobrimos que Deus se vale de nossa impotência para atuar. Nossa dor é a fresta por onde entra a luz de Cristo, que veio não pelos "justos", mas pelos "pecadores" (Mt 9,13). Ele nos ama mais por nossas imperfeições. "Bem-aventurado o pecado, que nos permitiu ter um redentor", canta a Igreja na música "Louvor à vigília pascal". Diante de tanto amor, resta-nos as lágrimas de dor e de alegria que nos humanizam, se não reprimirmos a faculdade de chorar, lembra-nos o psicoterapeuta Arthur Janov: "Às vezes, a repressão das lágrimas se instala nas pessoas e elas não podem mais recuperar essas lágrimas. São, neste caso, as principais candidatas a terem doenças graves. Vi muitas alergias e doenças desaparecerem a partir do dia em que meus pacientes recuperaram a faculdade de chorar" (Arthur Janov, *Revivre et vaincre sa souffrance*, Presses de La Renaissance, 1992).

Jesus, que tinha um coração humano, chorou em Jerusalém pela morte de seu amigo Lázaro. Mostrou que Deus Pai transforma toda dor, toda fraqueza na maravilha da misericórdia, no milagre da sua ternura. O desafio é saber que se é digno de ser amado, apesar da causa de nossos sofrimentos. É tão fácil odiar, escreveu o jornalista e escritor Georges Bernanos em *Diário de um pároco de aldeia*: "É muito fácil acreditarmos no ódio. A graça está em esquecer. Mas se todo o orgulho está morto em nós, a graça das graças será amar humildemente a si mesmo, como qualquer um dos que sofrem em Jesus Cristo" (George Bernanos, *Oeuvres romanesques*, Gallimard, 2002, p. 1.258. Col. Bibliothèque de la Pléiade).

Reconhecer sua fraqueza

Aos sessenta anos, o melhor a fazer é reconhecer nossa fraqueza. Ela nos reconcilia com nossa vulnerabilidade. Torna-se como um lugar em nossa casa, porque ela nos abre àquilo que é mais vivo em nós. Por meio dela, crescemos, nos tornamos mais humanos e, portanto, mais divinos. Nossa fraqueza se transforma em nossa força, como disse São Paulo. Graças a ela, não temos mais nada a provar a ninguém, mesmo se, por vezes, resistimos à mudança. Deixamos de nos agarrar às imagens ideais que tínhamos de nós mesmos, dos outros, de Deus, para adotar outras, diferentes. Não buscamos mais a eficiência a qualquer preço, mas a alegria que nos faz vibrar: a arte, os trabalhos voluntários, a leitura, a oração, o reencontro, os serviços prazerosos, o esporte.

A alegria está no começo, no meio e no fim de nossa fraqueza aceita como uma graça. Ela nos cura à custa de lágrimas, sem que nos sintamos culpados por ter chorado. Ela se exprime por meio de nossos talentos com o que há de bom e único em nós: o amor. A alegria brota de um coração livre que não se questiona e que se sabe amado.

Nós podemos também revelar a beleza escondida nos outros. Afinal, se somos preciosos aos nossos olhos, os outros têm também seu valor. Podemos nos regozijar com sua presença em nossa vida. Regozijar-se, maravilhar-se, revelar a beleza do outro: isso não é amar?

Observemos as pessoas que admiramos. Elas se tornaram fortes em suas fraquezas, desarmadas por suas feridas, conhecedoras do sentido das coisas porque superaram o sofrimento pelo amor. Essa liberdade do amor é o melhor estimulante de nossa satisfação. O amor por si só nos faz irradiar, porque ele nos desarma e nos despoja, como exprime tão bem Atenágoras (1886-1972), patriarca ecumênico de Constantinopla, cujo texto é um ideal para todos os que se aproximam dos sessenta anos:

> A guerra mais árdua é a guerra contra si mesmo. É preciso conseguir se desarmar. Eu conduzi esta guerra durante anos, ela foi terrível. Mas fui

desarmado. Eu não tenho mais medo de nada porque o amor afasta o medo. Fui desarmado da vontade de ter razão, de me justificar desqualificando os outros. Não estou mais na defensiva, possessivamente agarrado a minhas riquezas. Acolho e compartilho. Não me atenho particularmente a minhas ideias e a meus projetos. Se me apresentam propostas melhores, ou mesmo não melhores, mas boas, eu aceito sem arrependimento. Renunciei às comparações. O que é bom, verdadeiro, real, é sempre o melhor pra mim. Isso porque eu não tenho mais medo. Quando não se tem mais nada, não se tem medo. Se nos desarmarmos, se nos despossuirmos, se nos abrimos ao Deus-Homem que faz todas as coisas novas, então ele limpa o passado ruim e nos concede um tempo novo, onde tudo é possível.

Acolher sua fragilidade

As feridas e as fraquezas são inerentes a nossa condição humana, tentada pela sedução da potência e pela busca do poder. Somos mais conscientes quando envelhecemos. Nossas fraquezas nos constroem e nos abrem para nossa própria fragilidade e a dos outros. Este reconhecimento de nossa fragilidade, aplicado em nossos corpos que envelhecem, nos torna mais humanos, mais humildes, mais verdadeiros. Nada serve para atingir a perfeição enquanto nós não aceitamos o que é imperfeito em nós. "Quem quer fazer o anjo, faz a besta", dizia Pascal.

Nosso mundo corrido deixa pouco espaço a essa escuta do que há de sensível e humano em nós, a essa ternura que tende a florescer com a idade. Como discernir uma presença amiga em nossos amores frágeis e em nossas solicitudes discretas, se o silêncio e a interioridade estão ausentes? Como descobrir a face de nossa fragilidade, se nós abandonamos sua luz, que clareia a cabeceira de nossas noites?

Quando percebemos nossa vulnerabilidade diante do tempo que passa, das crianças que se vão, dos sessenta anos que chegam e do plano de aposentadoria, nós podemos escolher patinar no mesmo lugar ou dar um passo adiante. Vou na direção tradicional ou me adapto às transformações para ir mais longe? O sentimento de inutilidade que podemos experimentar, a reclusão sobre nós mesmos, as decisões que adiamos sem cessar são indicações de que é tempo de pedir ajuda, de mudar em nós aquilo que há para mudar, de realizar algum projeto que tenhamos no coração, de procurar um melhor equilíbrio na vida, de perceber, enfim, quem somos verdadeiramente.

A verdade exige uma aceitação de nossa fragilidade, que faz parte de nossa finitude humana, daquilo que há de eterno em nós e que excede a vida biológica. Nós nos realizamos como pessoas na medida em que aceitamos nossa fragilidade. Ela é uma companheira calorosa nos momentos de falta de coragem; ela nos toma a mão para atravessarmos o mar da dúvida. Escondê-la ou negá-la é enterrar a fonte de nosso ser – esse lugar em branco no centro do coração, de onde brota todo nascimento. Nós trazemos esse tesouro em nós "como vasos sem valor; assim, vê-se bem que esse poder extraordinário não vem de nós, mas de Deus" (2 Cor 4,7).

Para os cristãos

A fé cristã tem uma mensagem muito positiva sobre a fragilidade humana. Deus é um pai pleno de bondade que acolhe tudo o que é frágil, como vemos na parábola do filho pródigo. "Seu pai o percebeu e foi tomado de piedade" (Lc 15,20). Quanto mais miseráveis ficamos, mais Deus aproxima-se, invade o mais íntimo de nossas fraquezas e nos liberta. Colocando nossa carne em Jesus, morrendo na cruz, Deus se mostra na fragilidade desse corpo ferido que a morte não poderia reter. Deus se revela na vulnerabilidade do Crucificado e na vitória do Ressuscitado. Ele não se impõe, mas nos concede o livre-arbítrio para implorar nosso amor: "Eu tenho sede".[1]

Não existem heróis aos sessenta, mas seres frágeis que se deixam vencer pelo amor louco de Deus. Se eles são cristãos, eles atenuam a sede de Jesus amando os homens e mulheres de seu tempo, sobretudo os mais fracos. Eles não querem dominar nem serem mais fortes, mas estarem nus diante do amor desarmado e que desarma. Eles renunciam ao poder supremo imaginário para se abrir à fragilidade de um amor que se doa e perdoa, sem nada esperar em troca. Eles comungam a fragilidade de um Deus crucificado, porque ele não é nada além de amor. Não há nada mais poderoso do que esse Deus frágil, entregue em nossas mãos a cada manhã.

"Se a cruz de Jesus significa ainda alguma coisa, isso nos poderia revelar que as rupturas mais dolorosas são também as que abrem passagem para a luminosidade mais viva! Daí este belo chamado para entender e compartilhar: 'Não cure rápido demais suas feridas: elas podem, se você tiver a graça e a coragem, dar origem a asas'" (Jean Sulivan). (Francine Carrillo, De la douleur à la lumièr", *Panorama*, mar. 2007, p. 23).

Maravilhar-se

"Maravilhosas são tuas obras, Senhor, e maravilhoso que eu exista", lemos no Salmo 138(139). Nós ultrapassamos em dignidade e grandeza as mais belas maravilhas do mundo. Sabemos disso? A vida se derrama em nós a cada idade e os movimentos do

---

[1] Ver meu livro *J'ai soif. De la petite Thérèse à Mère Teresa*, Parole e Silence, 2003.

universo se misturam a nosso sangue. Nós fazemos um pequeno gesto e milhões de células se ativam. Nosso irmão, o corpo, não é uma máquina que nós temos, mas um mistério que habitamos.

Maravilhar-se é curar-se do tédio e da tristeza que, por vezes, nos desencorajam. Aos sessenta anos, nós podemos nos fechar em hábitos e horários que impedem a entrada do sol. Podemos buscar o controle sobre tudo, agora que a vida nos chama a certo desprendimento e à contemplação. O antídoto para esse descontentamento é encontrar a cada dia algo com que se maravilhar: uma planta, uma refeição, uma música, uma criança, um livro, um bom-dia, um obrigado... Antes do sono da noite, podemos nos perguntar: "O que admirei hoje?". A beleza nos conduz a nós mesmos e a admiração produz o encantamento.

Admiramos primeiro com nossos sentidos, mesmo que eles tenham a tendência de diminuir seu campo de percepção, quando a velhice se aproxima. Temos de refiná-los para perceber toda a melodia. Os olhos que observam as pessoas na rua podem ir além do visível. Os ouvidos percebem nuanças que não entendemos bem, senão depois de horas de escuta. O nariz amplia sua paleta de odores que nos remetem à infância. A boca nos faz degustar os sabores que alimentam a intuição. Os dedos tornam nossas relações mais calorosas. Por que procurar em outro lugar as maravilhas do mundo, quando na realidade elas estão em nós?

Cada um pode criar maravilhas para tornar seus dias encantadores, particularmente na aposentadoria. Por exemplo: caminhar contemplando a criação, parar por breves momentos para retomar o fôlego, escutar o canto dos pássaros, sentir o perfume das flores, mergulhar no silêncio de um rosto, desfrutar a brisa ligeira, ver o infinito nos olhos de uma criança, acariciar o corpo de seu esposo ou de sua esposa, consolar e perdoar...

Para os cristãos

Maravilhar-se é um sentimento muito forte que nos faz comungar da alegria da criação. Desde o começo do Gênesis, Deus se extasia diante do que fez: ele viu que aquilo era bonito e bom. Nós lemos a primeira escritura de Deus em um universo cheio de seus traços e que temos o dever de preservar. Diante da recusa, do orgulho, existe uma graça original que nós encontramos através da humildade.

Ser humilde significa aceitar sua condição terrena, trabalhar suas paixões, ao invés de negá-las, ser autêntico vivendo com simplicidade, ter confiança se realizando, maravilhar-se com o que Deus faz em nós e nos outros. Nesse sentido, a santidade não é mais uma questão de perfeição, mas de maturidade. Uma questão de acolhimento e amor. Santidade é maravilhar-se, hospitalidade oferecida, recebida e partilhada, "para que todos tenham a vida" (Jo 10,10). Ela leva sempre à gratidão e à ação de graças.

Deveríamos maravilhar-nos com aqueles que compartilham nossa mesa como se fossem um universo a descobrir e contemplar: cônjuges, filhos, netos e amigos. Acolhendo aquilo que eles são, nós os despertamos para seu próprio mistério.

Templo do Espírito, o corpo é o altar da alma que ora. Maravilhar-se com seu corpo, render graças, abençoar, não é o ápice da oração e da vida cristã, simbolizado pela Eucaristia, o agradecimento de Cristo ao Pai? "É grande o mistério da fé", proclama o padre através da consagração do pão e do vinho. Somos tomados pelo assombro diante do mistério de uma presença na qual se vive a maravilhosa troca entre Deus e nós com seu corpo e seu sangue. Esse tesouro da Igreja deve ser continuamente redescoberto.[2] Em 1975, o ano de sua morte, o teólogo suíço Maurice Zundel professava ainda o mesmo entusiasmo pelo poema de amor da missa: "Depois de cinquenta anos de sacerdócio, continuo maravilhado pelo eterno frescor, pela eterna novidade da missa. Se essa fosse a primeira ou a última, ainda assim teria o mesmo encantamento, o dom do amor que recomeça continuamente" (Bernard de Boissière e France-Marie Chauvelot, *Maurice Zundel*, Presses de La Renaissance, 2004, p. 373).

Desejar amar

O frade dominicano Johannes Tauler (1300-1361), que escreveu muito sobre a fase dos quarenta anos, afirmava que raramente somos nós mesmos antes dos cinquenta anos. Liberamos gradualmente a influência que podemos ter sobre os seres e as coisas para abrir as mãos e deixá-los livres. Aceitamos melhor o despojamento de nosso eu egocêntrico para nascer para nós mesmos. Passa-se da aquisição ao desprendimento, da capacidade de receber à de ofertar. Aquilo que pensávamos ser um traço negativo de nosso temperamento, nós o vemos agora como algo mais positivo. O amor torna-se o exercício essencial de nossa vida.

Temos a liberdade de escolher amar, ou seja, de doar, de receber e de servir. Não se trata tanto de fazer esforços para amar quanto de crer no amor e fazê-lo consciente de seu desejo. Amar é um verbo de ação. É uma escolha, uma decisão, um risco que abre a relação sobre um horizonte de desejo. Esse risco se traduz

---

[2] Sobre os temas do corpo e da Eucaristia ligados ao encantamento, veja meus dois livros da coleção Les Chemins de la Prière, em Presses de La Renaissance et Novalis: *Prier avec son corps* [Rezar com seu corpo] e *L'Eucharistie, source de la prière chrétienne* [A Eucaristia, fonte da oração cristã].

pelo engajamento, pela responsabilidade, pela solidariedade. Tornamo-nos guardiões de nossa relação com o outro. Amar, aos sessenta, é se desapropriar de si mesmo para adivinhar as necessidades do outro; é revelar ao outro sua beleza e se regozijar com sua presença. Toda uma arte que aprendemos com o tempo. Servir aos outros, amá-los nos doando, é fazer de nossa vida uma obra de amor.

Os sessenta anos se tornam um tempo brilhante, quando acolhemos o dom da vida na alegria e na gratidão. A melhor maneira de acolher esse dom é viver com fidelidade a aspiração mais profunda de nosso ser. Nós respondemos-lhe estando presentes para os outros pelo que são, e não pelo que gostaríamos que fossem. Não se trata tanto de lhes transmitir uma mensagem quanto de lhes engendrar o desejo de amar e de viver. O ser humano não alcança seu desejo a não ser que procure um sentido para a vida que se encontra no risco de amar.

A vida é uma longa peregrinação por nosso coração e o dos outros. O amor é a única bagagem necessária para alcançar esse santuário. O caminho sagrado a que ele conduz é o ser humano. Não é necessário partir em peregrinação para Santiago de Compostela para vivê-lo, o próprio cotidiano se ocupa disso. Mas podemos também fazer uma peregrinação a pé como Diane Chevalier, para aceitar o tempo de amar e de viver. Aos 58 anos, ela andou 225 quilômetros da catedral de Ottawa ao Oratório Saint-Joseph de Montreal. Esse caminho de chuva, obstáculos, alegria e fé é uma bela analogia da vida no limiar dos sessenta anos.

Ao longo do caminho, compreendi a importância de aceitar o tempo de viver, de dizer, de amar e de trocar. De observar os dias que passam sem a angústia do dia seguinte. De realizar o que foi feito. De se levantar de manhã com um objetivo; de se deitar para estar pronta para repartir, para avançar. De deixar de lado seus tabus, seus preconceitos, suas crenças, suas expectativas. Caminhar para o interior de si acolhendo tudo da vida (Diane Chevalier, Un chemin d'espérance et de réjouissance, *Prions en Église*, Ottawa, 29 jul. 2007, pp. 29-30).

Desejar amar é escolher a vida, comemorá-la com todo o seu corpo ferido, expressá-la com os sentimentos que não queremos mais renegar. Desejar amar é se permitir viver plenamente aos sessenta anos, habitando o seu coração e se deixando tocar cotidianamente por alguém ou alguma coisa. Para resumir, desejar amar é se deixar amar e receber tudo da vida como uma graça.

O ator Jean Gabin disse, a sua maneira, em um belo monólogo de Jean-Loup Dabadie, *Maintenant je sais* [Agora eu sei], que se pode encontrar facilmente na internet. Eis um trecho:

O dia em que alguém te ama, é tão bonito.
Não tem como dizer melhor, é tão bonito!

E é isso que ainda me surpreende na vida,
Eu que estou no outono da minha vida.
Esquecemos tantas noites de tristeza
Mas nunca uma manhã de ternura!

Em toda a minha juventude, eu quis dizer "eu sei",
E apenas, quanto mais procurava, menos sabia.

Soaram sessenta badaladas no relógio,
Estou ainda à janela, olho e me pergunto:
Agora eu sei, eu sei que nunca sabemos!

A vida, o amor, o dinheiro, os amigos e as rosas...
Nunca conhecemos o som nem a cor das coisas.
Isso é tudo o que sei! Mas isso, eu sei!

Abandonar-se ao desejo de Deus

Os sessenta anos são a continuidade de um despojamento que só se pode acentuar. Quanto mais nos tornamos nós mesmos, mais nos possuímos, mais podemos nos abandonar a Deus, se cremos nele, é claro. Colocamo-nos em suas mãos, e esse abandono é causa de uma grande felicidade. Essa alegria impenetrável é sinal de um chamado para se doar, para se abandonar. Os resultados se manifestam com uma liberdade maior, uma paz mais profunda, uma gratuidade nas relações, uma adesão ao real que conduz ao engajamento. Abandonamo-nos a Deus como se tudo dependesse de nós, embora saibamos que é ele que faz tudo.

Para alguns, o termo Deus pode incomodar, de tanto que é desperdiçado. Ele é usado a torto e a direito, sobretudo depois do atentado às Torres Gêmeas, em Nova York, em 11 de setembro de 2001. É sempre audacioso querer falar em seu nome. Sabemos mais o que não é do que o que é. O que posso dizer está sempre abaixo de seu mistério. Para mim, ele não é uma causa a defender, mas uma parceria diária. Não é mais uma necessidade a consumar, mas um desejo que me escapa continuamente. Ele é mais um meio de viver do que um simples objeto de conhecimento. Revela-se não como uma solução mágica para meus problemas, mas como aquele que recupera ininterruptamente minhas questões para dar-lhes um sentido.

Deus não se inventa, descobre-se, dizia o estudioso da mística islâmica Louis Massignon. Ele habita nossos desejos, quando os outros nos faltam. Ele é o outro que nos desloca de nosso ego para nos fazer entrar em seu desejo. É isso a oração: um caminho de fé que nos faz desejar a vontade de Deus. Nós o recebemos, em uma relação filial de Pai para filho. É o encontro de dois desejos: Deus, esse amoroso que arde para se doar – "a fonte tem sede de ser bebida", dizia São Gregório de Nissa –, e o ser humano, esse outro amoroso que se abre ao desejo de Deus, deixando-se preencher por todo o amor que há em seu coração. Nós aceitamos assim a nossa fragilidade que é habitada pelo próprio Cristo. Descemos às profundezas de nossa fonte, que está, ao mesmo tempo, em nós e fora de nós, pelo desejo e pela fé.

Essa fonte, nós a entendemos e a desejamos, mas ela flui da escuridão, nos previne São João da Cruz. Ela vem de outro local e nos precede sem cessar. Bebendo dessa fonte interior, nossa sede de Deus cresce e nosso desejo fica sem remédio. Esse desejo em si nos tira de nós mesmos para nos conduzir aos outros. Ele nos põe no caminho porque sentimos a falta de Deus, uma ausência que dói como uma ferida.

> Na medida sem medida
> De tua imensidão,
> Tu nos falta, Senhor,
> Nas profundezas de nosso coração
> Teu lugar continua assinalado
> Como um grande vazio, uma ferida.
> (Hymne du soir, Mercredi I, *Prière du temps présent*, 1980, p. 670)

Para os cristãos

O abandono ao desejo de Deus é uma questão inacabada, uma espera de sua palavra, que se adapta ao nosso silêncio. É uma escuta do que seu espírito nos murmura dentro do coração para ouvi-lo melhor em nossos irmãos e irmãs, que nos são confiados. Esse desejo de plenitude é infinito em cada pessoa, pois vem da própria natureza de um Deus que os cristãos nomeiam Pai, Filho e Espírito Santo; um Deus que não existe a não ser doando-se, distribuindo-se gratuitamente, amando eternamente. Se amamos a Deus para satisfazer uma vida interior, Deus nos ama sempre para compartilhar sua plenitude. Ele não é nada além de amor, e esse oceano de beleza, sem fundo e sem idade, não tem limites. É por isso que ele não está só, mesmo sendo único.

O sexagenário cristão é chamado a se tornar um místico, quer dizer, alguém que entra nos mistérios de Deus com suas feridas e se abandona com toda a confiança. Sua fé em Cristo lhe inspira a interpretar o mundo, a engajar-se na sociedade e a confiar em Deus Pai. Fornece-lhe as respostas que o ajudam a fazer face às diferentes situações da vida. Ele mergulha no silêncio para ali encontrar a solidão de seu ser frágil. Deus o aguarda para dar origem à compaixão. Esse homem ou essa mulher de fé aceita o que vive, assim como uma criança se encanta em brincar na areia. Jamais para de amar, de se conhecer, de aprender a morrer, como se fosse a obra de sua vida. Vai até abençoar a própria morte, sentada à soleira de sua porta, que o fará entrar um dia nos jardins de Deus, depois de ressuscitar, "o primogênito entre os mortos" (Cl 1,18).

Eu te mostrei, meu filho,
O que eu fiz de melhor:
Um sol cheio de nuvens,
Auroras boreais,
Cascatas de estrelas
Caindo no vazio
Sobre os ramos do vento.

Eu te emprestei, meu filho,
Sessenta anos de uma vida,
Cinco vezes a do cavalo,
Duas vezes a de Jesus.
Tu passaste os quarenta
Atormentando-se de angústia
A fechar o horizonte,
Deixando apenas frestas.

Não te dei
Talento, saúde, salário,
Crianças, estações, casas
E mulheres para amar?
Tu preferiste os caminhos,
Nu como um gavião,
O manto da derrota
Sobre feridas escondidas.

Orgulhoso, de barro,
Tu me deixaste aborrecido
Quando eles viram o mar,
teus olhos.
Quando tua língua saboreou
o vinho
Tu me sorriste, eu creio,
Uma das únicas vezes.

É tempo de regressar,
Terminar as migrações,
O trânsito, as viagens,
É hora, deite-se
E venha para meu Reino.
Tu não partirás mais.
Venha para repousar,
Venha saber se eu existo.

(Félix Leclerc, *Mon fils*, 1978).
(Cf. o site: <www.paroles.net/chansons/1547.1/Felix-Leclerc>)

Andropausa e menopausa

> Aos vinte anos, damos sempre razão ao poeta,
> aos sessenta, a medicina nunca está errada.
> Esse é o segredo de nossas misérias.
>
> (Georges Bermanos, *La joie*)

Segundo a OMS (Organização Mundial de Saúde), a expectativa de vida das mulheres dos países ocidentais é hoje de 83 anos e a dos homens, em torno de 77 anos. Pouco tempo atrás, essa expectativa girava em torno dos sessenta anos. Este acréscimo potencial do número de anos de vida é um fato marcante do século XX. O ganho resulta dos seguintes fatores: higiene, nutrição, assistência médica, educação e prosperidade de cada país. Prevê-se que, de cada duas crianças que nascem atualmente, uma se tornará centenária. Mas, segundo o biogerontologista Jay Olshansky, a expectativa de vida declinará devido à multiplicação de casos de obesidade e diabetes.

As pessoas, vivendo por mais tempo, se preocupam em prolongar sua saúde. Assim, as pesquisas médicas mais recentes estão propensas a abordar o papel dos hormônios, sobretudo no momento da menopausa e da andropausa. Essas transformações começam aos quarenta, continuam aos cinquenta e podem chegar até os sessenta anos. Ao contrário das mulheres, os homens não falam voluntariamente desse período conturbado e não consultam seu médico. Os sinais também são menos evidentes que os da menopausa. Eis alguns elementos para melhor compreender a andropausa, sem esquecer a menopausa, mais conhecida.

Uma reviravolta para o homem

A palavra andropausa vem do grego *andros*, "homem", e *pausis*, "término, interrupção". Há alguns anos, os dicionários definiam a andropausa como a "diminuição natural da função sexual em um homem de idade". As edições mais recentes, como a do Dicionário Eletrônico Houaiss da Língua Portuguesa, são mais precisas: "conjunto de alterações fisiológicas que marcam a diminuição natural e progressiva da atividade sexual do homem". Essas definições são incompletas porque reduzem esse estado à função sexual, embora a andropausa afete todos os aspectos da vida. É certo que há diminuição da função sexual, mas os testículos nunca param completamente de produzir espermatozoides.

O médico Georges Debled, autor de *L'andropause, causes, conséquences et remèdes* (Malone, 1989), descreve a andropausa como o conjunto de modificações psicológicas e fisiológicas que acompanham o decréscimo natural e progressivo da função sexual do homem. Esta "menopausa masculina" se traduz exteriormente por uma diminuição progressiva da massa e da força musculares. Os homens ganham um pouco mais de peso. A gordura aumenta em torno do abdômen (para as mulheres isso ocorre principalmente em torno do quadril e das coxas).

É difícil saber em que idade o homem entra na andropausa porque os sintomas são menos evidentes que os das mulheres. Dificilmente se pode precisar a porcentagem de homens afetados, pois as cifras variam muito de um estudo para outro. As estimativas vão de 20% a 50%. A menopausa é mais fácil de ser identificada, porque ela se caracteriza pela interrupção da ovulação, fim da menstruação e da fertilidade nas mulheres em torno dos cinquenta anos. Nem todos os homens sofrem com a andropausa, ao contrário da menopausa que atinge todas as mulheres.

Andropausa e menopausa não são idênticas, porque, se todas as mulheres se tornam inférteis, os homens não param de ser férteis. É preciso falar, no caso deles, de uma insuficiência hormonal. O homem vive sua "reviravolta" entre os 40 e 55 anos de idade. O que não exclui a possibilidade de entrar na andropausa aos 37 ou 60 anos. Existe mesmo alguma semelhança com a menopausa: há diminuição de atividade sexual nos dois casos. Observa-se tanto nos homens quanto nas mulheres problemas físicos, como ondas de calor e mudanças psicológicas, como variações de humor.

Esses problemas e transformações são frequentemente ligados a algo que vivemos. Por exemplo, o luto pela morte de meu pai e a perda do meu emprego aos 55 anos me deixaram mais nebuloso e depressivo. Difícil saber exatamente se os sintomas eram devidos à andropausa ou ao intenso estresse. Talvez aos dois. Eu não era mais do que a metade de mim mesmo, e me perguntava em que buraco incerto teria afundado a outra metade. Faltava-me energia. Meu humor era oscilante. Percebia confusamente que uma transformação secreta se operava em mim. Eu não sentia nenhum prazer em realizar as atividades que normalmente me agradavam. Tinha ondas de calor e o exercício físico era difícil. Teria eu uma baixa taxa de testosterona? Cada um dos meus amigos me oferecia um diagnóstico diferente. Uma consulta com meu médico e um exame de sangue me recolocaram nos trilhos. O nível de testosterona estava normal para minha idade. Era preciso que eu descansasse. Tirei uma lição de vida para o futuro.

Uma questão de testosterona

A testosterona é o hormônio responsável pelas características masculinas típicas: voz grave, massa muscular e pelos. Um déficit de testosterona pode causar cansaço, diminuição do desejo sexual, certa depressão e todo um conjunto de efeitos que fazem com que nos sintamos "velhos".

Mesmo que a taxa hormonal varie de um indivíduo para outro, a testosterona produzida e disponível tende a diminuir, na medida em que a idade aumenta. Desde os trinta anos, a taxa de testosterona declina cerca de 10% por década, e a quantidade que continua a ser fabricada frequentemente não tem a mesma eficácia. Essa baixa de testosterona é chamada de andropausa.

Se a queda hormonal é muito brusca na menopausa, nos homens a taxa de testosterona diminui lentamente e, pode-se dizer, silenciosamente. Cada um reage de uma forma. Segundo os estudos, cerca de 60% dos homens sentem sintomas ligados à baixa de testosterona, e 25% deles têm a qualidade de vida alterada após os cinquenta anos de idade. Certos fatores tendem a acentuar esse declínio: estresse, excesso de peso, falta de exercício físico, consumo de álcool e tabagismo.

Se muitos sofrem de sintomas ligados à deficiência de testosterona, como cansaço e depressão, apenas 5% são tratados. No entanto, é muito fácil para um médico diagnosticar a taxa de testosterona: um simples exame de sangue pode demonstrar isso. Se os primeiros resultados indicarem uma taxa muito baixa, outros testes podem ser necessários. Se a dosagem é inferior ao normal em duas vezes que o exame é repetido e se não houver insuficiência cardíaca severa ou câncer de próstata, o médico pode propor um tratamento substitutivo à base de testosterona, sob a forma de comprimidos, de gel ou de injeções.

Certos estudos mencionam um desequilíbrio da testosterona que pode ser responsável pela hipertrofia benigna da próstata (HBP). O médico pode descobrir esse aumento através do toque retal e de um exame de sangue. Cerca de 50% dos homens têm problemas de próstata após os sessenta anos. Essa glândula masculina situada sob a bexiga aumenta depois dos quarenta anos, acionando vários desconfortos como diminuição da libido, necessidade frequente de urinar, despertar noturno e queda da bexiga após a evacuação. Uma alimentação rica em peixes gordurosos, produtos à base de soja e zinco, como as sementes de abóbora, assim como o consumo de uma grande quantidade de água, ajudarão a manter a próstata em um bom estado de saúde. Ao mesmo tempo, convém evitar os produtos de origem animal, que podem conter altas taxas de colesterol, o álcool e o açúcar refinado.

Sintomas da andropausa

A andropausa é anunciada por uma série de sintomas que pode causar incômodo e mal-estar: ondas de calor, transpiração episódica, insônia, falta de apetite, nervosismo e irritabilidade. Também pode provocar dificuldade de concentração, depressão e insegurança, queda da libido e de interesse em atividades sociais. Nem todos os homens apresentam a totalidade desses sintomas ou não os vivenciam com a mesma intensidade. A andropausa se assemelha à crise existencial dos quarenta anos e à depressão, mas é acima de tudo marcada por uma queda evidente da testosterona. Um profissional será capaz de distingui-la e propor diversas opções terapêuticas.

Dez questões a respeito da andropausa

O Dr. John Morley, da Universidade Saint-Louis, elaborou dez questões que permitem uma investigação mais adequada da andropausa. Chamamos esse questionário de "Deficiência androgênica do homem de idade madura". Eis as dez questões:

1. Você tem sentido uma queda do desejo sexual?

2. Você tem sentido uma baixa de energia?

3. Você tem sentido uma diminuição da sua força ou da sua resistência?

4. Sua cintura aumentou?

5. Você tem notado uma diminuição de sua "alegria de viver"?

6. Você está triste ou chateado?

7. Sua ereção está menos forte?

8. Você reparou se houve alguma alteração recente em sua capacidade esportiva?

9. Você sente sono após o jantar?

10. Seu rendimento profissional diminuiu?

Respostas positivas para as questões 1 e 7, ou uma combinação de três respostas positivas, fazem de você um candidato à andropausa. Por outro lado, este questionário é considerado muito vago por especialistas.

Os bons hábitos da vida

A andropausa não é uma doença, mas um estado natural que passa com a idade. Antes de recorrer à terapia hormonal, convém mudar certos hábitos e melhorar a qualidade de vida. Por exemplo: comer de forma saudável, fazer exercícios e dormir suficientemente.

Com a idade, nossa necessidade de calorias é menor e, se não mudamos nossa alimentação, não praticamos esportes e ficamos sentados assistindo à televisão, os quilos extras se acumulam. A importância de uma boa alimentação também é crucial. O excesso de gordura faz aumentar a produção de proteínas carreadoras de esteroides sexuais que fazem diminuir a taxa de testosterona biodisponível. Um regime pobre em gordura e rico em fibras é um trunfo para atravessar bem a andropausa e a menopausa. Comer mais sopa e menos sobremesa. Uma boa maneira de manter um peso saudável é fazer pequenas refeições frequentes, acompanhadas de frutas e legumes. Os ácidos graxos ômega 3 que obtemos nos peixes e nos flavonoides são recomendáveis.

Os benefícios da atividade física vão além de seu papel na andropausa e na menopausa. Trinta minutos de exercício físico três a quatro vezes por semana melhoram a sensação de bem-estar. Estudos demonstram que as mulheres que caminham pelo menos uma hora por semana reduzem à metade o risco de doença cardíaca.

Quanto a mim, faço *jogging* desde os 25 anos, três vezes por semana. Esse tipo de exercício me ajuda muito a manter um peso saudável, além de eliminar o estresse e arejar o espírito. Os primeiros quilômetros são para meu corpo, os seguintes para minha alma. Mas, se o fluxo for muito rápido, a taxa de testosterona pode baixar. Com o envelhecimento, perdemos mais força e fôlego do que capacidade cardiovascular. É importante ter um bom programa de alongamentos para manutenção da agilidade, sobretudo se fazemos musculação. Fazer parte de um grupo de corrida ou atletismo pode ser motivador.

A vida ativa que levamos tem frequentemente por consequência a falta de sono generalizada, que pode influir sobre a produção de testosterona e, dessa forma, criar um círculo vicioso. Na medida em que a taxa de testosterona diminui e os sintomas da andropausa aparecem, pode-se dormir pior e sentir-se menos descansado ao acordar.

Um repouso terapêutico é sinônimo de bons hábitos de vida: alimentação saudável e diversificada, harmonia de uma vida alegre, ritmo moderado de atividade e de sono, equilíbrio emocional. A pessoa descansada realiza assim tudo com moderação. O popular manual de saúde preventiva *Regimento da saúde de Salerno*, provavelmente escrito no século XII, resume tais conselhos com as seguintes palavras: "A regra tripla: repouso, alegria e moderação são melhores que qualquer remédio".

Descansar, manter-se tranquilo, passear, brincar e contemplar não é perda de tempo. O corpo recupera e mantém assim suas reservas de energia. Cada dia deve haver um momento de parada que nos permita recuperar plenamente a força vital.

A intimidade conjugal pode ser, nesse sentido, uma fonte de reabastecimento. Os estudos demonstram que a atividade sexual estimula a taxa de testosterona. É então desejável continuar a ter relações regulares, mesmo que a ereção demore a acontecer. Existe também a secura vaginal, problema que podemos solucionar utilizando um lubrificante. A frequência depende de cada pessoa, obviamente. É normal, com a idade e o tempo, sentir uma baixa gradual do desejo. Não se deve esperar, portanto, que a pulsão de antigamente volte como que por mágica, mas é necessário se motivar para dar prazer ao outro. Mesmo se não temos mais o ímpeto dos vinte anos, a atividade sexual demonstra um laço de exultação em que os corpos retomam a vida. Ela é a expressão de nossa forma de ser no mundo, a linguagem amorosa de nossa união íntima, apesar da rotina, do cansaço e de eventual ausência de desejo.

Em resumo, a fase da andropausa, assim como a da menopausa, é um período em que os cônjuges são chamados a dialogar. Eles se aceitam e se acolhem, tomam um ao outro e se redescobrem como no começo de seus primeiros encontros. Seus corpos mudam e a imagem que têm de si mesmos nem sempre é positiva. É preciso que se regozijam de terem chegado a essa etapa da vida, que adquiram autoconfiança e usem de criatividade para trilhar um caminho que conduza à apropriação de sua espiritualidade, que se pode exprimir por uma mudança de valores morais ou estéticos, a aspiração de se integrar ao universo e o cuidado de se transcender na transformação.

O ciclo da menopausa

A menopausa marca o fim da atividade dos ovários. O termo vem do grego *menós*, "mês" (mensalidade), que deu origem à "menstruação". O Dicionário Eletrônico Houaiss da Língua Portuguesa define assim a menopausa: "interrupção fisiológica dos ciclos menstruais, devida à cessação da secreção hormonal dos ovários". Esse período corresponde a uma parada das secreções hormonais sexuais (estrógeno e progesterona), o que produz incômodos ao organismo. O passar dos anos traz ainda diferentes problemas, como, por exemplo, ondas de calor, baixa da libido, secura da pele e do órgão genital, aumento de peso, cansaço, enxaqueca e fragilidade psicológica. A intensidade dos problemas varia em cada mulher. Felizmente, nem todas as mulheres chegam a conhecer todo esse conjunto de transtornos.

A menopausa se manifesta geralmente em torno dos cinquenta anos e se instala pouco a pouco. A fase que a precede, chamada de pré-menopausa ou perimenopausa, é um período de transição. Ela pode durar de cinco a dez anos e caracteriza-se por menstruações irregulares, muito abundantes, ciclos menstruais mais curtos, que vão cessando progressivamente. Assim que os ciclos deixam de incluir a ovulação, a progesterona, secretada habitualmente pelo óvulo, não é mais produzida, o que causa uma relativa dominância dos estrógenos no organismo. Em certas mulheres, esse desequilíbrio pode causar retenção de água, irritabilidade, dor de cabeça, perdas de memória, estados depressivos, fibromas e até câncer de mama ou de endométrio.

Uma taxa de estrógeno muito baixa causa ondas de calor, dores osteoarticulares, atrofia e secura da mucosa vaginal. Isso implica mais ou menos rapidamente uma diminuição da espessura da pele, que se enruga. Irritabilidade, sensação de tristeza e queda da libido são outras características.

O fim do funcionamento do ovário (interrupção total e definitiva da menstruação) é um período difícil para as mulheres tanto do ponto de vista físico quanto psicológico. A produção de estrógeno e progesterona começa a diminuir, mas de forma irregular, o frágil equilíbrio hormonal é abalado e as primeiras dificuldades aparecem.

Da mesma forma que na puberdade, a idade da pré-menopausa e da menopausa varia para cada mulher. A idade média da menopausa se situa entre 50 e 52 anos, mas pode variar em um extremo de dez anos. A hereditariedade pode exercer influência sobre ela. Uma mulher cuja mãe entrou na menopausa muito cedo corre o risco de que isso lhe aconteça também. Mesmo após muitos anos na menopausa, as mulheres às vezes ainda sentem os sintomas dos ciclos.

O tratamento hormonal da menopausa é ou não perigoso? As opiniões divulgadas demonstram que os resultados são frequentemente contraditórios. O tratamento foi recomendado nos anos 1980 para todas as mulheres, a fim de prevenir osteoporose e remediar certos problemas, como as ondas de calor e as insônias. O aumento do câncer de mama nos países industrializados colocou em questão o tratamento hormonal. Um estudo inglês de 2003, com mulheres de 50 a 64 anos, mostrou um acréscimo desses tipos de câncer e de problemas cardiovasculares. A prudência é então bem-vinda.

A época do cérebro

O cérebro é o computador central do corpo humano. Ele é composto de cerca de 10 milhões de células nervosas nas quais são registrados todos os dados e diretrizes referentes ao funcionamento do organismo. Sabia que ele desenvolve eletricidade suficiente para acender uma lâmpada de dez watts? Assim, quando alguém diz que você é uma pessoa iluminada, não está completamente errado. O contrário também pode ser verdade, se você tiver o aspecto de quem dormiu mal. Para continuar "iluminado" durante a andropausa e a menopausa, eis alguns conselhos no que diz respeito ao sono, à alimentação, aos estimulantes, às vitaminas e aos minerais.

O cérebro consome muita glicose e utiliza cerca de 25% de todo o oxigênio absorvido pelo organismo. É também verdade que após três minutos sem ar as células nervosas sofrem danos irreparáveis. É necessário, portanto, descansar o cérebro com um sono reparador (mínimo de sete horas), em local arejado e respeitando todas as fases do descanso (o despertar, o sonho), evitando, se possível, os tranquilizantes químicos e os hipnóticos; se for necessário, melhor usar os princípios ativos de plantas calmantes como a valeriana e a passiflora.

O cérebro precisa estar bem nutrido para que o intercâmbio de informações se faça normalmente por meio das células nervosas, também chamadas de neurônios. Os ácidos graxos poli-insaturados são aqui essenciais: o linoleico e o alpha-linolênico. Nós os encontramos em certos óleos vegetais de primeira prensagem, como os de oliva ou canola.

O açúcar exerce geralmente um efeito opressor sobre o cérebro. Os que sofrem de hipoglicemia sabem disso. Ao contrário, alimentos ricos em proteínas – como os peixes, o iogurte, o pão integral, as carnes magras, os vegetais de folhas verdes, os gérmenes dos cereais, as amêndoas, as frutas e, sobretudo, a lecitina de soja – aguçam as funções cerebrais. Esses alimentos são ricos em zinco, em fósforo, em magnésio e em vitaminas B e E. Esses minerais e vitaminas, além de ajudarem na oxigenação do cérebro, estimulam a memória. E uma boa memória, sobretudo depois dos sessenta, exige uma ótima oxigenação e uma boa vazão sanguínea no cérebro.

Uma árvore milenar executa uma grande proeza: a *ginkgo biloba*. As folhas dessa árvore possuem propriedades de revitalização mental. Elas asseguram uma grande dose de energia, contrariando os efeitos do estresse. Ingerida com extratos de ginseng vermelho da Coreia, de *gotu kola* e de *fo ti*,* a *ginkgo biloba* ocasionalmente aumenta a capacidade de memória e de concentração.

A nicotina e a cafeína têm efeitos idênticos, mas com reações colaterais. O cigarro pode favorecer a atenção e a memória, mas é preciso sempre acender um para manter o espírito alerta. O estado de abstinência do tabagismo causa ansiedade, irritabilidade e insônia. A cafeína e a teína** podem também melhorar indiretamente a vigilância e a agilidade das reações. Entretanto, tomadas em doses altas, elas provocam agitação, insônia e aceleração cardíaca. Suas substâncias psicotrópicas podem ainda causar dependência física e psíquica. Mas o café, o chá e o chocolate são tão bons! Sim, se consumidos com moderação. A saúde é sempre uma questão de equilíbrio.

Recomendações dos médicos

Quer estejamos em forma ou não, é recomendável, a partir dos cinquenta anos, com a chegada da andropausa ou da menopausa,

---

* *Gotu kola* (*Centella Asiatica*) é uma erva medicinal utilizada na Índia, na China e na Indonésia para o tratamento de diversas doenças, como hanseníase, epilepsia, sífilis e psoríase. O *Fo ti* (*Polygonum multiflorum*) é um vegetal usado na alimentação e na medicina asiática por possuir propriedades antibacterianas, anti-inflamatórias, antiespasmódicas e cardiotônicas. (N.T.)

** Teína é uma substância estimulante presente nos chás de *Camellia sinensis*, arbusto da família das teáceas. Trata-se de um alcaloide natural que possui a mesma formulação química da cafeína: 1,3,7-trimetilxantina. (N.T.)

consultar um médico ao menos uma vez por ano. É melhor prevenir do que remediar, diz o ditado. O que nossos ancestrais ansiavam – viver com saúde o máximo de tempo possível – hoje se tornou realidade. Para nos ajudar a realizar esse objetivo, temos o resumo das recomendações de um médico. Para alguns, elas podem ser muitas, mas é possível colocá-las em prática se as incorporarmos gradualmente. Sentiremos um acréscimo de energia e de prazer que nos motivará pelos próximos anos.

Recomendações do Dr. Delisle
- Parar de fumar.
- Manter um peso proporcional à altura.
- Controlar a pressão arterial.
- Comer pouca gordura de origem animal.
- Fazer exercícios físicos.
- Controlar a diabetes, caso seja afetado por ela.
- Comer sementes.
- Moderar o consumo de álcool.
- Utilizar pouco sal à mesa.
- Beber pouco café.
- Aprender técnicas de relaxamento.
- Se você usa aspirina, tome-a apenas com as refeições.
- Diminuir e depois cessar o consumo de laxativos e purgantes.
- Evitar alimentos fritos.

- Fazer exame de urina periodicamente.
- Ser muito meticuloso ao tomar medicamentos.
- Fazer exercícios ao ar livre regularmente.
- Ter uma alimentação simples e variada, e água fresca como bebida principal.
- Umedecer os aposentos nas estações mais secas.
- Manter sob vigilância a pressão ocular.
- Ir regularmente ao dentista.
- Fazer um exame médico anual.
- Não esquecer a poesia, a música e esse magnífico tratamento do espírito e do corpo chamado oração.[1]

Para os que creem

Outro médico, o fisiatra alemão Balthazar Stahelin, fala da oração como um meio essencial de encontrar a paz e a serenidade interiores, sobretudo quando temos uma idade avançada. Ele propõe quatro princípios de base à terapêutica psicossomática:

"A cada noite, antes de dormir, leia durante cerca de meia hora algumas páginas da Bíblia ou de uma leitura espiritual e se esforce para colocar sua vida em harmonia com o que foi lido.

Levante cedo e, pela manhã, comece escutando música clássica ou religiosa e dedique cerca de meia hora aos exercícios corporais (bicicleta, ginástica, caminhada etc.).

Depois dos exercícios físicos, abandone-se ao silêncio, entre em seu coração e ore, na mais completa inatividade física e psíquica possível – um momento de prece pessoal ou de oração silenciosa.

[1] Dr. Claude Delisle, *La maîtrise de ma santé*, Novalis, 1988, pp. 36-37.

Finalmente, esforce-se durante o dia para entrar em seu coração, interiorizar e viver a presença divina em sua alma" (André Daigneault, *Le long chemin vers la sérénité*, Québec, Le Renouveau, 1998, p. 175).

Em uma dezena de anos, coloquei em prática três desses princípios e posso testemunhar que uma transformação profunda ocorreu em mim. Começando meu dia com uma caminhada, seguida de um momento de oração silenciosa, que é uma conversa de coração para coração com Deus, uma paz discreta se instala em mim. Eu estou mais presente para mim mesmo durante o resto da jornada, sinto-me mais sereno e parece que absorvo melhor o estresse cotidiano. Aprendi a mergulhar em meu coração para resgatar essa presença divina que me habita e que é maior que eu.

Cabe a cada pessoa adaptar os conselhos ao que é e ao seu modo de vida, segundo seu ritmo e suas considerações, para integrá-los com harmonia e serenidade ao dia a dia. É suficiente querer e começar a pôr em prática.

> Lembra-te do teu Criador nos dias da mocidade,
> antes que venham os dias da desgraça
> e cheguem os anos dos quais dirás: "Não tenho mais prazer".
> Antes que se escureçam o sol e a luz,
> a lua e as estrelas,
> e que voltem as nuvens depois da chuva;
> no dia em que os guardas da casa tremem
> e os homens fortes se curvam,
> em que as mulheres, uma a uma, param de moer,
> e cai a escuridão sobre as que olham pelas janelas;
> quando se fecha a porta da rua
> e o barulho do moinho diminui,
> quando se acorda com o canto do pássaro

e todas as canções emudecem;
quando se teme a altura
e se levam sustos pelo caminho,
quando a amendoeira está em flor
e o gafanhoto torna-se mais pesado
e o tempero perde o sabor,
é porque o homem já está a caminho de sua morada eterna,
e os que choram sua morte começam a rondar pela rua.
Antes que o fio de prata se rompa
e o copo de ouro se parta,
antes que o jarro se quebre na fonte
e a roldana rebente no poço,
antes que o pó volte à terra de onde veio
e o sopro volte a Deus que o concedeu.

Vaidade das vaidades – diz Coélet – tudo é vaidade.

(Ecl 12,1-8).

Os desafios da aposentadoria

> O que chamamos de nossos belos dias
> Não são mais do que um clarão brilhante
> Em uma noite de tempestade,
> E nada, exceto nosso amor,
> Merece arrependimento do sábio;
> Mas que digo? Amamos em todas as idades.
> (Alphonse de Lamartine, *La retraite*)

Escutamos frequentemente opiniões contraditórias quando as pessoas falam de aposentadoria: "Finalmente vou descansar e fazer o que gosto"; "Será que terei dinheiro suficiente para viver de forma adequada?"; "Eu amo meu trabalho, não vejo por que deveria deixá-lo"; "Que vou fazer com todo esse tempo livre?"; "Como ocupar meus dias?"; "Será que vou me entediar?"; "Manterei contato com meus antigos colegas?"; "Terei mais liberdade para atualizar os projetos que deixei de lado"; "Ao menos não passarei mais pelo estresse de ser produtivo e pela obrigação de agradar ao patrão".

Vemos que a aposentadoria é para alguns uma libertação das contrariedades e, para outros, o fim de um trabalho valorizado que oferece segurança financeira e status social. Nós a apresentamos frequentemente como um período de férias sem fim e sem nuvens, repleto de prazeres e distrações. Podemos realmente viver esse período sob o sol do divertimento e do lazer? Desafio ou provação, a aposentadoria será o que quisermos fazer dela: uma nova partida para amar e criar ou um tempo de depressão para se arrepender e se entediar. De um jeito ou de outro, é uma grande transformação na vida de todo indivíduo, e cabe a cada um preparar-se bem para que ela seja produtiva.

Desafio ou provação

Podemos nos perguntar se o ser humano é feito para trabalhar, quando estamos cansados. Mas não ter um trabalho não é necessariamente repouso. Se for verdade que, geralmente, o trabalho representa saúde, o mesmo se pode pensar da aposentadoria, se temos os meios. Pois, com uma diminuição progressiva do ingresso de homens e mulheres no mercado de trabalho, os anos de ouro da aposentadoria não são acessíveis a todo mundo. E nem todos têm meios de se preparar bem para ela.

Há empregadores e organizações que oferecem cursos de pré-aposentadoria a seus empregados, na área da saúde, jurídica, social, financeira etc. A questão do dinheiro permanece a mais importante, no dizer dos participantes. Podemos nos sustentar bem até a idade avançada? Se houver um fundo de pensão bem provido, tanto melhor. Ainda assim é preciso saber administrar adequadamente esse dinheiro. Existem também casos em que a aposentadoria é precipitada. O patrão mostra a porta de saída por restrição orçamentária obrigatória.

Foi o que me aconteceu aos 55 anos. Perdendo meu emprego, fiquei de luto por certo período de minha vida. Foi preciso que eu extraísse as fontes vivas de minha fé para encontrar algum sentido. Logo percebi que poderia viver ainda mais, de acordo com minhas forças e meus sonhos. Então, decidi me dedicar totalmente ao que amava e fazia de melhor: escrever livros e artigos, proferir conferências e atuar como facilitador de reuniões. Essa retomada da vida profissional foi para mim a possibilidade de um grande enraizamento em minha fé cristã e de uma nova vitalidade na criação literária. Atualmente escolho compromissos à minha altura e me proporciono mais alegria. Ganho em amor, em paz interior, em conhecimento sobre mim e os outros. Nunca paramos de aprender.

Hoje em dia, definimos as pessoas, sobretudo, por sua ocupação, pelo que fazem, não pelo que são. É então natural sentir diferentes temores no começo da aposentadoria: medo de faltar dinheiro, de ser inútil, de viver um vazio, de sentir falta do antigo emprego, de achar que o tempo não passa estando junto a seu cônjuge e de ter saudade da cumplicidade com os colegas de trabalho. É bom se perguntar o que gostaria de fazer com todo esse tempo que lhe será concedido de agora em diante. Quais são seus desejos? As escolhas se oferecem a nós: fazer novos amigos, mudar de ambiente, fazer trabalho voluntário, descobrir novos hobbies, reaproximar-se de seus familiares, aprofundar sua espiritualidade ou se reapropriar de sua fé.

O importante é encarar a realidade sem evitá-la, aceitando a vida como ela se apresenta e escutando suas intuições. As pessoas que conseguem fazer isso melhor são aquelas que puderam definir o que desejam. Elas se interessam pelos outros, vivem no presente, abrem-se a novas amizades, aceitam novos desafios, tomam precauções com relação à saúde, sabem relaxar, passam tempo com a família, sabem rir de si mesmas e se mantêm ocupadas. Algumas realizam cursos, aperfeiçoam sua arte, praticam um esporte, inscrevem-se em uma biblioteca, viajam pelo país, fazem trabalho voluntário e cultivam um jardim.

Um de meus vizinhos, aposentado há muitos anos, escolheu plantar figos. Ele cuida deles todos os dias. Quando faz muito frio, ele os coloca em sua garagem. O tempo que ele gasta se ocupando deles lhe dá oportunidade de fazer algo concreto e tangível. Quando ele se sente inútil e nada mais parece fazer sentido, ele retorna a seus figos. Esta simples tarefa feita com consciência e alegria ajuda a manter um equilíbrio na vida.

Outros aposentados escolhem uma continuidade da carreira, fazendo um pequeno trabalho remunerado para estarem mais confortáveis financeiramente, lançando-se em novos empreendimentos, como Slimane, personagem do filme *O segredo de um cuscuz* (*La graine et le mulet*, no original), do cineasta francês de origem tunisiana Abdellatif Kechiche. Aos 61 anos, compreende que é muito velho para o estaleiro naval. Aposentado contra sua vontade, ele vai transformar um barco em restaurante, onde a especialidade será o cuscuz. Essa será uma nova aventura para ele e sua família, uma luta contra a exclusão, vencida com grande autenticidade e criatividade.

É normal experimentar um período de incerteza e de adaptação durante o primeiro ano da aposentadoria. Perde-se o status profissional tranquilizador, financeira e socialmente, o qual gostamos de projetar para o mundo exterior. De agora em diante, temos de aprender a viver mais devagar, sem prazos.

Aposentadoria: a chance de realizar múltiplas atividades

> Esta foi a experiência de Rose. Depois de um ano de adaptação a seu novo ritmo de vida, ela queria fazer algo especial. Naquela época, seu marido estava sempre no trabalho. Ela se inscreveu, então, como voluntária em um centro para atendimento a pessoas com necessidades especiais e passou a estudar inglês, sentindo-se útil com esses novos compromissos.
>
> Encontramos de vez em quando antigos professores, contadores, enfermeiros e eletricistas que doam seu conhecimento gratuitamente a diferentes causas ou que prestam serviço no exterior por um ou dois anos. Esses veteranos não saem incólumes de sua missão humanitária em outro país, e sim felizes por terem sido úteis realizando uma ação concreta. Ao retornarem, eles distinguem melhor o essencial do dispensável.

Uma reorganização para o casal

Quer seja preparada ou não, a aposentadoria não é a última etapa da vida. Ela é um estado de espírito e um tempo de aprendizagem. Exige uma reorganização do tempo, uma nova partilha do espaço e das tarefas, sobretudo se vivemos com alguém. É recomendável, por exemplo, gerenciar os espaços para que cada um tenha um lugar onde possa se recolher, para que a vida flua melhor entre os cônjuges. Os trabalhos domésticos podem ser divididos mais igualitariamente, sem causar incômodo aos homens. A redistribuição dos papéis e o respeito à autonomia de cada um favorecem o bem-estar do casal, que deve lutar contra a indiferença, a rotina, o tédio e a queda da libido.

Como durante a crise dos quarenta, cada parceiro é convidado a "reescolher", a reconhecer suas necessidades e nível de independência, a desenvolver a ternura, o acolhimento e o perdão. Cada um pode, então, descobrir as riquezas do outro, sem ultrapassar os limites de sua intimidade. O casal pode estar solitário e ainda assim ser solidário. A relação se concretiza de acordo com o que há de inativo e imperfeito em cada um de nós, respeitando nossas identidades. As perdas são transformadas em ganhos. É hora de viver de maneira diferente, de decidir amar de novo, de escutar esse desejo essencial que chama à viagem interior de autoconhecimento, de conhecimento dos outros, do mundo e de Deus. Essa etapa do casamento alimenta a criatividade e o engajamento.

> Cada um é menos centrado em si. Nós doamos mais tempo aos outros, aos projetos sociais. Sentimos necessidade de dar, de nos dedicar sem esperar nada em troca. O amor do casal torna-se mais criativo. Os casais criativos incitam os outros à vida com seu exemplo, suas palavras, sua maneira de ser. O casal que se mostra disponível para suas crianças tem seu papel de pais revalorizado por esse amor profundo que vem de seu "nós". Quer dizer, a qualidade do "eu" e do "tu" formando um "nós" saudável. O outro é aceito como um presente, como um dom. Nós o respeitamos não porque ele é

perfeito, mas porque ele é outro, porque ele é ele ou ela, único e insubstituível (Jacques Gauthier, *Les défis du jeune couple*, Le Sarment, 2006, p. 49).

Uma nova vida se estabelece na aposentadoria e, consequentemente, uma nova maneira de amar, mais terna. Precisamos nos reabituar a conviver harmoniosamente com nosso cônjuge, de manhã até a noite. Os filhos partiram de casa com sua alegria e suas festas, suas responsabilidades e gritarias. Nós os amamos de longe, deixando-os livres e confiando neles. Não resta ninguém além de nós dois no mesmo espaço, com nossas pequenas afetações e os atritos inevitáveis da vida conjugal. Não devemos mascarar rapidamente nossa contrariedade, fazendo planos prematuros. Deixemos o vento dançar entre nós antes de encontrar novas formas de organização. Trabalhemos para consolidar nossa autonomia, sem rejeitar a faísca inicial que fez com que ficássemos juntos e continuássemos nos amando. Sendo nós mesmos, podemos estar mais presentes para o outro e aceitá-lo como ele é.

Isso não impede que eventualmente nos sintamos um estranho em nossa própria casa. Não encontramos mais a voz bondosa do marido e da esposa que existia antes da aposentadoria. A proximidade torna-se sufocante, impede-nos de respirar e de ver o outro por uma perspectiva mais justa. O amor parece se apagar, constata Léo Ferré, em uma música carregada de nostalgia e melancolia, *Avec le temps* [Com o tempo]:

Com o tempo, tudo se vai
Nós esquecemos as paixões e esquecemos a voz
Que dizia baixinho as palavras doces
"Não volte muito tarde, sobretudo não tome friagem"...

É bom sair de casa, para se sentir melhor e fazer as atividades que concernem a cada um. Essas saídas alimentam a parceria e os diálogos. A boa convivência suscita o desejo de amar. Nós tomamos mais consciência da oportunidade de ter alguém por perto, para envelhecer juntos. Não ter mais nada para se dizer asfixia a relação conjugal, que morre a fogo lento sob o peso do hábito.

É bom também se encontrarem para passear juntos, dormirem até mais tarde sem culpa, irem a restaurantes sem ficar olhando para o relógio. O tempo não é como o dinheiro, em que tudo é contabilizado, mas um dom que nós acolhemos, uma energia que se consome, sobretudo, no amor. Perde-se a vida querendo fazer mais. É possível fazer coisas importantes de maneira menos urgente – o destino do mundo não depende disso!

Felizes os casais que, aposentados, não andam em círculos e ainda sabem se surpreender: eles se tornam, juntos, o que são chamados a ser, companheiros na eternidade. Felizes os casais que não se levam muito a sério: eles não pararão de rir de si mesmos. Felizes os casais que conjugam amor e humor no presente: eles criam uma afastamento que os reaproxima de sua infância. Felizes os casais que rezam juntos: eles poupam os ares da paz para os dias de carência.

A vida conjugal é uma relação que deve ser vivida como uma aliança a construir todos os dias, um dom e um apelo de Deus para fazer do amor a experiência espiritual de cada um. Um desafio nos dias de hoje, em que as diferenças nem sempre são respeitadas. Quando o casal chega à aposentadoria, os cônjuges já têm muitos anos de vida em comum. Eles se aliaram ao caminho um do outro, em tempos bons ou ruins. Esse percurso é o oferecimento de nossa presença que fazemos ao outro, uma presença diária, recíproca, uma parceria, uma fidelidade. Essa presença para o outro se transforma na aposentadoria, ela é uma conivência de viver e uma fidelidade a reinventar.

Dez ideias-chave para uma fidelidade criativa

1. Aceitar a aposentadoria como um tempo de crescimento e de repouso, uma criação a fazer, uma sensaealização, fusão, sonho, papel social e estereótipo.ção de luto a assumir e um futuro diferente a construir.

2. Confiar na vida e nos projetos transformadores, no tempo livre que a maturidade nos concede, naquilo que somos chamados a ser.

3. Estar presente para o cônjuge, os filhos e netos, respeitando suas palavras e seus silêncios, suas alegrias e suas tristezas.

4. Acolher o outro em sua diferença e ajudá-lo a nascer para seus desejos profundos, além de toda a id

5. Recusar experiências sexuais extraconjugais, que só criam confusão e conduzem à solidão.

6. Comunicar a seu parceiro aquilo que você vive para criar um espaço de comunhão onde cada um é um guardião do relacionamento.

7. Redefinir o projeto comum, em relação ao presente, tanto nos períodos de boa saúde quanto nos de doença, e redescobrir as características únicas de seu companheiro, aceitando e deixando-o livre para ser aquilo que é.

8. Aceitar o outro como ele é, um ser limitado e imperfeito – não solicitemos dele o que só Deus pode verdadeiramente dar.

9. Arriscar-se, lançar-se ao futuro como expressão de um dom de si mesmo, repetindo um "sim" todas as manhãs, abandonando-se ao Deus fiel

que se compraz em perdoar, em se abrir à inacessibilidade de toda relação no obscuro do cotidiano.

10. Reconhecer que o outro é um mistério, que ele tem suas contradições, mas que podemos sempre ter a esperança de envelhecer juntos preservando um espaço aberto e acolhedor.

O sentido da vida

Em 1900, a maioria dos trabalhadores, na Europa, eram agricultores, artesãos, pequenos comerciantes e assalariados. O número de pessoas de mais de sessenta anos representava não mais do que cerca de 5% da população. O fenômeno da aposentadoria é, portanto, muito recente. O termo "aposentadoria", inclusive, é pouco apropriado para qualificar um período da vida em que continuamos a progredir. Na falta de um vocábulo novo, continuamos a usá-lo.

Antigamente, a aposentadoria designava um aporte financeiro oferecido aos trabalhadores que não podiam mais continuar em atividade. O modelo antigo de aposentado, que parava de trabalhar quando alcançava o limite de suas forças, não existe mais. Não há idade limite para parar de trabalhar, mas, por outro lado, podemos planejar a aposentadoria mais cedo.

O novo aposentado é levado a refletir sobre o sentido da vida para melhor moldar seu destino e assumir os anos que lhe restam a viver. Essa necessidade de dar um sentido a seus dias é inseparável do fato de viver. Sua vida foi marcada em grande parte pelo trabalho profissional, e agora é preciso redefinir objetivos e rever prioridades. A pessoa ainda está em plena forma. Multiplica os projetos e as viagens, engaja-se em obras sociais, conecta-se à internet, multiplica seus vínculos pela web. Não é raro vê-la empreender uma nova carreira, não forçosamente por necessidade, mas para o desenvolvimento pessoal. Quer viver suas paixões. Chamamos esses novos aposentados, alvos das agências de marketing, de *happy boomers*.

Muitos deles alternam períodos de trabalho e lazer. Fazem coisas que amam e que parecem inúteis: escutar música, ler, meditar, pescar, dançar, sentar-de em um parque, passear com o cachorro, praticar jardinagem, sonhar... Não é mais questão de trabalhar em tempo integral, mas de colocar sua experiência a serviço de diferentes organizações. O lema "Para um coração corajoso nada é impossível" aplica-se bem a eles, para quem ser bem-sucedido na aposentadoria é poder refletir sobre o tempo livre disponível, definir o que se quer fazer, só ou em dupla, integrando alegria de viver e qualidade de vida.

Como vivemos muito mais tempo, a questão do sentido da vida coloca-se de forma mais intensa. Os aposentados têm que se reapropriar de uma espiritualidade que é um caminho de esperança, de um desenvolvimento do que parece supérfluo, um retorno através da simplicidade, um crescimento interior. É uma busca de sentido que faz a ligação entre continuidade e novidade, passado e futuro, fracassos e êxitos, dever e prazer. Os pontos de referência e os valores são interiorizados para uma melhor descoberta de si.

O sentido que damos a nossa vida e nossa morte vai determinar a maneira como viveremos a aposentadoria e o envelhecimento. Depois de usar várias máscaras ao longo da vida, na escola, no escritório, na fábrica, no trabalho... é chegado o tempo de ser autênticos e transmitir a outras gerações o que recebemos. A vida alcança todo o seu sentido quando transmitimos aos mais jovens as razões para crer, esperar e amar. Sentimo-nos úteis partilhando o que nos faz viver e nossas crenças. Não será esse o segredo de uma vida mais feliz? Acompanhando os mais jovens, nós os ajudamos a se tornarem eles mesmos.

A aposentadoria nos questiona sobre o que nos faz avançar e progredir. Apostamos em nossas conquistas, identificamos nossos valores, revemos nosso comportamento, assumimos nossas contradições, nos questionamos acerca daquilo que cria sentido: "Quem sou eu?", "Por que viver?", "O que quero fazer do resto da minha vida?", "Existe algo ou alguém depois da morte?", "Deus existe?".

A gestão do tempo

Se "a vida se sustenta por um fio", é porque o tempo passa. A ampulheta escoa irrevogavelmente desde que nascemos. Desde que experimentamos possuir o tempo, ele escapa como areia por nossas mãos. "Ó tempo, pare seu voo", canta o poeta. Nós seguimos seu curso e não podemos detê-lo nem acelerá-lo.

Pensamos ter muito tempo durante a aposentadoria, mas muitos aposentados se queixam de não ter tempo, por pensarem não ter anos suficientes para realizar todos os seus projetos, não poderem fazer tudo o que lhes agrada. Nosso desejo é insaciável. Quanto mais envelhecemos, mais o tempo desaparece. Ele atravessa nossa vida como uma estrela cadente. Quanto mais o queremos deter, mais o perdemos. "Não vemos o tempo passar", canta Jean Ferrat.

O aumento da expectativa de vida faz com que a cisão entre o trabalho e o tempo livre da aposentadoria chegue cada vez mais cedo. As relações entre as gerações e as exigências familiares sofrem abalos. Alguns têm às vezes a impressão de estar presos entre os filhos, que ainda precisam deles, e os pais, que, envelhecendo, passam a precisar deles. É como se de repente o tempo se liberasse e questionássemos: quais são minhas prioridades, minha escolha de vida? A agenda não nos impõe mais sua lei. Gostaríamos de estabelecer nosso horário em função de aspirações profundas. Aprendemos a ser mais livres soltando os entraves que nos impedem de apreciar o tempo que passa.

Na aposentadoria, não estamos mais diante de uma escolha de carreira, mas de uma escolha de vida. Não procuramos a promoção social, mas a realização do que somos. Não é mais o "tempo é dinheiro" do mundo dos negócios, mas a "liberdade do tempo" dos poetas. Nosso tempo é rico em sua gratuidade. Há uma grande tentação de se lançar em numerosas atividades ao invés de parar para escutar o pulsar do tempo marcando suas medidas. Temos de aprender a não fazer nada, concedendo-nos momentos de liberdade, para nos rodear de coisas bonitas e cores repousantes, para reatar laços com valores espirituais. A companhia dos animais também favorece esse relaxamento que age na melhoria do sono.

O desafio é mesmo grande. Como organizar nossos dias, agora que transbordamos de vida e não funcionamos mais segundo o horário convencional, como no tempo de trabalho profissional? Temos de nos conceder tempo para conhecer bem nossas expectativas, respeitando nosso ritmo. É preciso também acolher certo vazio, que pode causar tédio. Podemos então entender a importância do momento presente, saborear o silêncio e a música das pequenas coisas. Não temos mais que nos sentir culpados de não fazer nada, de nos desligar, de não atender ao telefone, de sonhar... A culpa não traz nada de bom, ela envenena a vida.

A aposentadoria é um vaivém constante entre o exterior e o interior, a superfície e a profundidade. Aproveitando plenamente nosso tempo livre, dominamos nossa liberdade, melhoramos nossa qualidade de vida e continuamos a nos aprimorar. O tempo é como uma escada; a vida, uma ascensão; a aposentadoria, uma etapa que pode ser tão estimulante como os outros períodos de nossa vida.

> Ser aposentada não significa, para mim, viver em um estado de espera e não fazer nada ao longo dos anos. Essa nova fase da minha vida pode ser tão enriquecedora e estimulante quanto foram as anteriores. Somente o tempo de aposentadoria pode me permitir dominar minha liberdade, explorar minhas riquezas interiores e desenvolver uma arte de viver que leva em consideração meus talentos e minhas experiências, mas também o que ficou inexplorado e abandonado (Claire Blanchard de Ravinel, Hubert de Ravinel, *Le temps libéré. Dialogue sur la retraite*, Montréal, Novalis, 2003, p. 28).

Retomar seu vigor

Uma só vida nos é concedida. Temos, então, interesse de nos ajustar para vivê-la bem, para retomar seu vigor depois de um tempo de parada. Nada é perfeito nela. A primeira escarpa se situa ao redor dos vinte anos, a segunda aparece aos quarenta e a terceira aos sessenta. Não é verdade que com essa idade o aposentado se torna improdutivo e passa a ser um encargo para a sociedade. O perigo é acreditar nisso e se paralisar em uma rotina confortável, sem nenhum questionamento. Podemos ser ativos e criativos, à nossa maneira. O que nós nos tornamos com as experiências da vida pode ser enriquecedor para todos.

Se fazemos uma pausa em certa época de nossa existência, é para melhor seguir adiante. A fé nos ajuda a manter o vigor, a avançar para o interior da realidade, a não perder contato com aquilo que existe de humano e íntimo em nós. É a uma aposentadoria interior que nós somos convidados, como nos propõe Patrice de La Tour Du Pin, poeta da espiritualidade: "A aposentadoria que proponho não se passa no espaço, e sim no mais íntimo, e a solidão não é um isolamento" (Patrice de La Tour Du Pin, *Une somme de poésie* I, Gallimard, 1981, p. 201).

A pessoa que integra bem a aposentadoria em sua vida cotidiana tem mais condições de discernir as necessidades importantes a seu redor e de responder a elas com o melhor de suas capacidades. Não tem mais a ilusão de grandes sucessos e de medalhas de ouro. Sua ação é, portanto, mais duradoura. Mantém sua alma estável e confiante, se crê, como tão bem exprime o Salmo 131(130),[1-2]:

Senhor, meu coração não se eleva
nem meus olhos se alteiam;
não ando atrás de grandezas,
nem de maravilhas que me ultrapassam.
Não! Fiz calar e repousar meus desejos,
como criança desmamada no colo de sua mãe.

Para os que creem

A pessoa que crê alia interioridade e exterioridade, contemplação e engajamento. Ela não abre mão de investir em atividades comunitárias, lutando por justiça, aprofundando sua fé através de leituras e cursos, uma vida de oração, de voluntariado, segundo sua aptidão. Ela encara a morte com confiança, põe em ordem seus afazeres, coloca-se disponível para quem vive a seu redor e expressa sua felicidade de ser um filho do Deus da vida.

"Um dia, teu dia, ó meu Deus, eu virei vê-lo,
E na formidável explosão da minha ressurreição,
Eu saberei enfim que a ternura é você,
Que minha liberdade ainda é você.
Eu virei vê-lo, ó meu Deus, e você me mostrará sua face.
Eu virei vê-lo, e apregoarei a plena voz toda a verdade
da vida sobre a terra.
Eu reclamarei com meu grito que vem de épocas remotas:
– Pai! Eu tentei ser um homem e sou sua criança..."
(Jacques Leclercq, op. cit.)

Tempo para contemplar

É bom reservar parte do tempo da aposentadoria para contemplar, meditar e rezar. Ficar consigo mesmo, em quietude e gratidão, é muito repousante. Assim, não incomodamos as pessoas preocupadas com rentabilidade, produtividade e competitividade, que sofrem da síndrome de angústia, nervosismo e dispersividade. Podemos passar um fim de semana em um mosteiro, por exemplo, ou em um lugar silencioso que favoreça a meditação.

Seria bom encontrarmos tempo no cotidiano para a oração. Ela pode não ser tão vital quanto o ar que respiramos e a união com Deus pode não ser uma prioridade, mas existem muitas pessoas convencidas dos benefícios da oração. Outras protelam sem cessar sua prática regular, lançando-se em outras atividades. Nós temos tendência a sobrecarregar tanto nossos horários, que não temos mais espaço para meditar ou contemplar, para viver o momento presente. A aposentadoria é a ocasião de diminuir nossos compromissos e saborear esse banho na fonte da juventude que é a oração interior.*

Viver o momento presente de cada dia é descobrir o insólito que se revela ao despertar, o imprevisto escondido no coração do cotidiano, o inesperado de uma oração silenciosa. Não é verdade que a vida diária é desinteressante, que nada surpreende o que é habitual e próximo. A beleza dos dias comuns se comunica em segredo aos corações atentos. Para quem sabe observar e contemplar, o inexplicável cotidiano revela-se nos acontecimentos familiares.

Viver sua aposentadoria é encontrar no trabalho simples e diário a beleza daquilo que parece banal. O passado não nos

---

* Paulinas Editora tem várias obras dedicadas ao tema, como as que fazem parte das coleções Adultos em Cristo, Cinco minutos com Deus, Confiança, Espiritualidade, Evangelho diário, Fonte de vida, Nossas devoções, Paz interior e Vida cristã, entre outras. (N.E.)

preocupa, o futuro não nos inquieta mais; um olhar de confiança no momento presente é o que conta.

Para os cristãos

Que sejam cinco minutos ou uma hora, cada um é livre para marcar cotidianamente um encontro com Deus. Qual é o melhor momento do dia para rezarmos: de manhã, de tarde ou de noite? A oração irá penetrar toda a nossa vida se fixarmos um horário para estar diante de Deus, com palavras ou simplesmente em silêncio. O importante é manter uma rotina e retomá-la quando nos esquecermos. Não devemos nunca nos desencorajar; nós somos sempre "iniciantes" na oração, jovens ou velhos.

Esse tempo para Deus torna-se "o tempo de Deus". É um tempo de escuta e de interiorização, em que nos colocamos disponíveis para sua presença em nós, receptivos a sua Palavra. O Espírito Santo nos leva no seu ritmo e nos conduz aonde Deus quer. Ele nos ajuda a fazer um balanço do que nós realizamos e do que queremos viver, do que foi mais ou menos satisfatório. Ele nos guia na leitura da Bíblia, ou de um livro sobre espiritualidade, nos inspira a reinventar continuamente nossa vida, nos incita a depositá-la nas mãos do Pai.

Por que não começar o dia lendo calmamente um Salmo? Deixemos que ele nos possua, nos impregne até que se torne nosso bastão de peregrino pela jornada. Cada dia é pelo Senhor, mestre do tempo: "Meus dias estão em suas mãos" (Sl 31[30],16). Se o tempo nos parece longo, ele também é relativo diante da eternidade. A tomada de consciência de nossa finitude nos dá concedido um pouco de sabedoria na aposentadoria, a fim de aproveitar o tempo que passa. Lembramos nossa vida com ternura e, mesmo quando sofremos, quando não conseguimos ser o que poderíamos ser, ela é um sentido para todo o amor recebido e dado, a despeito da dor e da noite.

"Senhor, foste para nós refúgio
de geração em geração.
Pois mil anos são a teus olhos
como o dia de ontem que passou...
Ensina-nos a contar nossos dias
para que venhamos a ter um coração sábio!"

[Salmo 90(89),1.4.12]

Feliz de quem se levanta cedo
para procurar a sabedoria;
ele a encontra sentada a sua porta.

Feliz de quem descobre
seu semblante interior;
ele mergulha na alegria.

Feliz de quem se consagra
ao inútil gratuito;
ele entra com folga na casa
de Deus.

Feliz de quem vê o outro
como Deus lhe vê;
ele se torna aquilo
que contempla.

Feliz de quem aproveita o tempo
de simplesmente existir;
ele encontra o autor
do sétimo dia.

Feliz de quem repousa
em Deus;
ele não cansa os outros.

Feliz de quem se aprofunda
nas raízes de seu ser;
ele sente a fonte brotar em si.

(Jacques Gauthier,
Priéres de toutes les saisons,
Bellarmin/Parole et Silence,
2007, p. 72).

Feliz de quem se sabe
carente do absoluto;
ele reconhece a inspiração
de seu grito.

Tornar-se avô

> É por ti que eu atuo, avô, é por ti
> Todos os outros me escutam,
> mas tu me compreendes
> Nós somos a mesma madeira,
> nós somos o mesmo sangue
> Eu levo teu nome e tu és um pouco meu.
> (Georges Moustaki, *Grand-père* [O avô])

Tivemos a graça, minha esposa e eu, de ver nascer nossa neta Maika, participando da gravidez e do parto de nossa filha. Foi em 25 de agosto de 2004, eu tinha 52 anos e minha esposa, 49. Estávamos na chamada "meia-idade", aquela em que normalmente as pessoas se tornam avós. Um de meus amigos me disse, rindo: "Esta noite você vai dormir com uma vovozinha". Ele poderia ter dito uma vovó, teria sido mais gentil. O que importa é que de repente me senti velho. É que eu ainda não sabia que esse novo status de "vovozinho" me traria tanta satisfação.* É maravilhoso ter em seus braços o filho de seu filho!

As imagens daquele avô curvado, de barba branca, e de uma avó tricotando ou embalando o berço estão muito fixadas em nossa memória, mas não correspondem mais à realidade. Os avós de hoje são ativos e investem no que lhes agrada. A maioria deles frequentemente está em plena forma e tem mais autonomia, sobretudo financeira. Eles dirigem o próprio carro, conhecem informática e têm mais tempo para viajar, mesmo que às vezes sofram de solidão, tédio, sentimento de inutilidade e abandono. Léo Ferré canta essa "idade de ouro", que veremos no capítulo seguinte:

> Nós teremos o pão
> Dourado como as meninas
> Sob o sol de ouro,
> Nós teremos o vinho
> Do tipo que borbulha
> Mesmo em repouso
> Nós teremos o sangue
> Correndo em nossas veias pálidas,
> E com mais frequência
> Segunda será domingo,
> Mas nossa idade então
> Será a idade de ouro.

---

* O autor usa as palavras *mémère* e *mamie*. Ambas significam avó, mas a primeira tem uma conotação pejorativa, designando alguém muito velho. Na tradução, optou-se por traduzir *mémère* como "vovozinha", para indicar a forma menos elegante, assim como *pépère*, traduzida segundo a mesma lógica, no diminutivo. (N.T.)

Um sentimento de pertencimento

Existe em cada nascimento um mistério que nos ultrapassa. Como escreveu tão bem Péguy em *Le Porche du mystère de la deuxième vertu* [O pórtico do mistério da segunda virtude], falando da pequena menina Esperança, "aquela que sempre começa": "Em alguns há uma fonte [...] uma partida, uma infância que não retomamos". A cada nascimento, renascemos como avós, participamos da promessa de quem inicia a vida. É uma criação que brota de dois ramos familiares. Nós passamos o bastão, transmitimos a tocha, e nossos filhos prolongam a genealogia. Eles continuam a corrente de gerações a sua maneira, fazendo o possível. Não nascemos pais ou avós, nós nos tornamos. Somos, à nossa revelia, transmissores da memória, identificadores das continuidades, mensageiros do sentido, como as árvores de raízes profundas que protegem e refrescam.

Feliz a criança ou o adolescente que pode conquistar algo com o apoio da família ampliada para integrar os valores que ajudam a viver: avós, padrinhos e madrinhas, tios e tias, primos e primas. Eles garantem o papel de se revezar quando a comunicação torna-se mais difícil com os pais, no momento de uma separação, por exemplo. Em contato com seus avós, o adolescente pode descobrir outra faceta de sua personalidade e tecer novas relações com sua família.

Os netos absorvem a vida dos idosos, seu humor e sua sabedoria. É convivendo com eles que desenvolvem o desejo de crescer. Os avós são um ponto de referência e estabilidade em uma sociedade em mutação, na qual os horários sobrecarregados restringem o tempo da convivência familiar. Passando tempo com seus netos, eles criam um sentimento de pertencimento e bem-estar; resguardam-se menos do que na época em que seus filhos eram pequenos; têm experiência e sabem como lidar com as febres e as otites infantis. Seus gestos de acolhimento e afeição tranquilizam os netos e mantêm o espírito familiar, mesmo que os tipos de família atuais variem muito, das monoparentais às reconstituídas etc.

Para os que creem

Nascer, crescer, virar pais e avós é uma graça, quer dizer, um presente da vida, um dom de Deus. Isso nos fascina. Que alegria viver em nossos netos a fecundidade da vida e a continuidade da aliança entre Deus e a humanidade! Eles são seres únicos, filhos de Deus, criados à sua imagem, que Jesus veio nos revelar como sendo nosso Pai. Dessa fonte divina surgem muitas filiações: nosso filho torna-se pai e nós, avós, nossa família realiza-se e se amplia com os cônjuges de nossos filhos, seus pais e sua família.

Os netos tomam assim seu lugar na filiação humana e divina, o que estimula nosso amor e dá energia a nossa esperança. Eles continuarão sendo seres inacabados, criaturas em busca de sentido que colocarão, à sua maneira, a grande questão que engloba todas as outras: "Quem sou eu?". A esperança lhes dará o vigor necessário para andarem no caminho que leva a seu desejo: essa pequena chama que quer invadir tudo, esse absoluto no fundo do ser que não podemos alcançar plenamente.

Uma narrativa de vida

Cada criança é um capítulo mais ou menos feliz no livro da vida de sua família, em que cada um participa do relato à sua maneira. Contando algumas histórias significativas de sua infância, os avós perpetuam o ciclo de gerações. Eles ajudam os netos a tomar consciência de que seus pais também foram crianças e adolescentes e que cada um trilhou seu próprio caminho até se tornar adulto. Os avós são para eles um ponto de referência dessa narrativa, um lugar estável da memória familiar. Se, às vezes, exercem um papel parental de substituição, isso não dura muito tempo. Eles vão reenviar seus netos aos pais, e encorajá-los dizendo que são bons pais. A missão dos avós é apoiar seus filhos e netos com um amor gratuito.

Depois, chega o dia em que os netos de ontem, por sua vez, se tornam pais. Colocar uma criança no mundo é propor um gesto de fé e confiança no futuro. Dizer sim à vida, mesmo que sejamos bombardeados por más notícias (crise alimentar, financeira, econômica, guerras, abusos de poder), ousar o futuro agora que ele parece obstruído (poluição, desemprego, restrição do poder de compra) é fazer uma aposta na fé, sem que ela seja necessariamente religiosa. Crer será sempre um risco, e é o grande desafio de hoje, acima do saber e do poder.

Os avós posicionam-se nesse limiar da crença e da confiança. Precisam ajudar os netos a construir uma identidade própria e se inserir na narrativa da vida, de modo a dar sentido verdadeiro a seu nascimento e atingir sua humanidade. Só podem acompanhá-los em suas travessias, facilitando-lhes a confiança em si mesmos e nos outros, para que capturem sem cessar o movimento contínuo de sua criação.

As separações dos casais, as mudanças em virtude de trabalho, os imperativos da vida econômica muitas vezes impedem que os avós vejam seus netos. Eles se queixam nas revistas e associações destinadas às famílias. Claro que existe o telefone, a internet, mas quantas mensagens postadas ou gravadas em uma secretária eletrônica ficam sem resposta! Esse sofrimento dos avós é bastante comum. O Papa Bento XVI fez alusão a isto, em seu discurso de encerramento ao V Encontro Mundial da Família, no dia 8 de julho de 2006, em Valência (Espanha):

> Eu agora desejo me dirigir aos avós, tão importantes na família. Eles podem ser – e frequentemente são – as garantias de afeição e ternura que todo ser humano precisa dar e receber. Dão aos mais jovens o sentido do tempo, eles são a memória e a riqueza das famílias. Que não sejam, sob nenhum pretexto, excluídos do círculo familiar! Eles são um tesouro que nós não podemos subtrair às novas gerações, sobretudo quando dão um testemunho de fé diante da aproximação da morte.

O enraizamento de uma memória

Os avós transmitem a seus filhos e netos um enraizamento que tem tanto de memória quanto de futuro. Isso se vê principalmente ao redor da mesa familiar, durante as refeições, nas festas e aniversários. As receitas culinárias circulam, assim, de geração em geração. As refeições em família e as narrativas da vida dos avós, suas histórias e suas orações, os conselhos cochichados usando palavras doces e piscadelas cúmplices transmitem valores culturais à criança, abrem-na para o mundo, ajudam-na a se situar no tempo e no espaço. "No meu tempo..." Eles se surpreendem com o fato de que houve um tempo em que não existiam fraldas descartáveis, internet, video games, telefones celulares...

Os netos geralmente veem seus avós como pessoas íntegras, que passaram por muitas experiências e guardam esperança na vida, deixando como legado os valores da confiança, da solidariedade e da ternura, que podem desafiar o desgaste do tempo do tempo. Certamente, não existe família perfeita, filhos e pais perfeitos. Mas, observando os avós rodeados por sua descendência, percebemos melhor que a família é um projeto de vida de longo prazo, no qual vale a pena investir, mesmo que custe sacrifícios. Toda a sociedade sai ganhando com isso.

Os avós lembram a nosso mundo competitivo e consumista que não é a capacidade de produzir que dá dignidade às pessoas, mas o fato de elas serem criadas para o amor. Mesmo que morem longe dos filhos ou se digam cansados, eles nos lembram da importância das relações simples e gratuitas; transmitem-nos um pouco mais de encantamento, da bem-aventurança da escuta atenta do outro, que se configuram como caminhos da felicidade que conduzem à alegria de viver juntos. Trata-se apenas de querer amar e ter a ocasião de manifestar nossa ternura. Não há idade para isso. E que herança para o futuro! Mas a realidade está, às vezes, bem distante desse sonho de amor.

Uma referência moral e espiritual

Os avós são frequentemente uma referência moral e espiritual para os netos, quer eles sejam jovens, adolescentes ou adultos. Como dissemos anteriormente, seu papel é fazer descobrir, partilhar, transmitir, formar, deixar uma marca, nutrir o desejo dar raízes. Eles não têm que educar os netos, pois esse papel é dos pais; mas têm de estar presentes para aquilo que esses netos vivem, acolhê-los como são, ampará-los em suas confidências e sonhos, sobretudo no período da adolescência, sem fazer julgamentos. O contato é ainda mais fácil se os avós não se mostrarem como adultos que sabem tudo e que estão suficientemente próximos da fragilidade e do coração deles para não expressarem moralismos inutilmente. Assim, os jovens se sentem compreendidos e não vão se opor a eles.

Transmitindo aos netos o desejo de viver e de amar, os avós lhes comunicam a fé em si mesmos e nos outros. Essa transmissão acontece idealmente no acolhimento, no perdão e no respeito. Os valores profundos ligam os membros da família, que nunca são perfeitos, e criam as bases para uma sociedade mais justa.

Mas o que aconteceu com a fé cristã que moldou nossas sociedades ocidentais do passado? Ela não se transmite como um livro de receitas, uma herança antiga, um catálogo de tradições que legamos de modo automático. A fé não é um gene que se transmite por hereditariedade, mas um dom de Deus. Ela é uma resposta livre a um chamado pessoal. A fé é sempre relacional; existe um "eu" humano que se relaciona com confiança a um "tu" divino que me ama de maneira incondicional.

Para os cristãos

Os avós constatam que seus filhos e netos não frequentam mais a igreja e procuram razões para viver em outros locais. Alguns sofrem e até se sentem culpados. Essa culpa não serve para nada. Eles precisam ganhar a confiança de seus filhos e netos, sem se decepcionarem caso eles sigam um caminho diferente. Cabe a cada um vencer os desafios de crer, de ter uma experiência pessoal de Cristo. Isso pode acontecer a partir de um encontro com um membro de um movimento cristão ou de uma nova comunidade, durante uma reunião paroquial, uma partilha no momento da preparação sacramental, uma peregrinação de jovens, uma visita a um santuário, um engajamento com os mais desfavorecidos, assistindo a um filme sobre Jesus, lendo um livro sobre a vida de um santo...

O despertar para a fé

A família é o berço natural da transmissão de valores. Para quem segue a fé cristã, podemos dizer que ela estará sempre em mutação. Como transmitir isso, que é por natureza um dom? Impossível. Os pais renunciam, muitas vezes, por ignorância ou por relativismo: "Tudo é válido. Eu quero deixá-lo livre. Ele fará sua escolha mais tarde". É assim que as crianças tornam-se adultos que partilham cada vez menos da fé de seus avós. Se eles não têm mais a fé cristã, não é necessariamente por causa de seus pais. Cada caminhante é diferente e cada um deve respeitar a escolha dos outros.

Os avós são, às vezes, chamados a se tornar os trabalhadores contratados no final da tarde e enviados pelo Mestre à sua vinha. Não se trata aqui de transmitir a fé de um modo muito formal, menos ainda de forma autoritária, mas de despertar para a fé. A própria criança decidirá mais tarde a forma de se relacionar com Deus. Raras são as crianças que se opõem a que seus pais e avós lhe passem a tocha de sua fé. Na maioria dos casos é o inverso que percebemos hoje em dia. Na ausência de transmissão, os jovens crescerão com valores instáveis em um mundo individualista e em contínua transformação, e poderão se opor à geração dos *baby boomers*.

Os avós, graças ao distanciamento que lhes oferece a experiência, podem despertar a fé de seus netos escutando, encorajando, tranquilizando e confiando-os a Deus. Os netos despertam para a fé lendo palavras de amor e através do exemplo vivo de seus avós, que podem nomear o Deus que está presente em sua vida, revelar-lhes que há algo de santidade neles que escapa a toda busca. Podem também fazer os netos entrarem em contato com o que há de sagrado neles, através da contemplação de uma paisagem ou pela experiência comunitária da liturgia.

Deus é paciente, seu tempo não é nosso tempo. Tem um projeto amoroso para cada um de nós. Ele nos chama continuamente a confiar, pois sua semente germina dia e noite. É ele que a faz crescer.

E dizia: "O Reino de Deus é como um homem que lançou a semente na terra: ele dorme e acorda, de noite e de dia, mas a semente germina e cresce, sem que ele saiba como. A terra por si mesma produz fruto: primeiro a erva, depois a espiga e, por fim, a espiga cheia de grãos" (Mc 4,26-28).

Para os cristãos

Hoje em dia, os jovens adultos não vão à missa, ou vão apenas esporadicamente, na época de grandes festas, como o Natal. Minha esposa e eu às vezes levamos nossa neta, com o consentimento de sua mãe. Certa vez em que estávamos visitando nossa filha, decidimos ir à missa. Caminhávamos com nossa neta em direção à igreja quando, de forma inesperada, ela disse com agitação: "Rápido, vamos correr! Jesus está nos esperando". Essas palavras nos tocaram profundamente.

Nosso exemplo será sempre o testemunho mais crível para nossos filhos e netos. Não temos que julgá-los, mas sim acolhê-los com indulgência, tais como são. De nada adianta se culpar se eles não praticam a religião como nós gostaríamos. Podemos rezar por eles e oferecê-los a Cristo, que conhece bem nossa humanidade desde que viveu a realidade familiar com Maria e José. Não é apenas na missa que podemos encontrar Cristo, mesmo que ela seja a fonte e o ápice da vida cristã. Ao falar da prática cristã, Jesus apresenta outro testemunho que muito inspirou Madre Teresa: "Tive fome e me destes de comer. Tive sede e me destes de beber. Era forasteiro e me acolhestes. Estive nu e me vestistes, doente e me visitastes, preso e viestes ver-me [...] Cada vez que o fizestes a um desses meus irmãos pequeninos, a mim o fizestes" (Mt 25,35-36.40).

Se os pais não fizerem objeções, podemos rezar com nossos netos, principalmente quando eles dormem em nossa casa. Podemos contar-lhes um episódio da vida de Jesus, ler com eles uma página do Evangelho. Eles se lembrarão desse testemunho de ternura e oração. Mas, se nossos filhos não estão à vontade com a fé, saibamos ser discretos para não os provocar inutilmente. Eles têm suas razões. Não entulhemos com intenções educativas e religiosas tudo que fazemos, mas sejamos verdadeiros diante de tudo que se apresenta. É preciso aguardar com esperança o momento de partilhar a Boa-Nova que nos faz viver. Não devemos impor nada, só sugerir, e talvez transmitir o prazer de ler o Evangelho. Continuemos autênticos e cuidadosos, disponíveis e discretos.

Uma boa comunicação

Não nascemos pais e avós, mas sim nos tornamos, e não paramos nunca de nos transformar. Tenhamos confiança em nosso papel favorecendo uma boa comunicação na família. Enumerei algumas regras básicas que desenvolvi em meu guia *Les défis du jeune couple* [Os desafios do jovem casal]. Por que não refletir sobre cada um desses pontos, escrever suas reflexões e partilhar?

Veja alguns deles: fazer o que estiver a seu alcance, aceitar seus limites, saber-se humano e imperfeito, considerar que estamos sempre em crescimento, amar com o coração e com a mente, estabelecer uma relação afetiva com seu filho e dialogar passando algum tempo com ele.

Essa comunicação é vivida no dia a dia, por exemplo, quando fazemos as refeições, escutando nossos netos, chorando e rindo com eles. Quando nos reunimos ao redor da mesa e acolhemos continuamente o que somos, a vida se comunica. Quando nossa vida familiar é feita de "bom-dia", "obrigado", "boa-noite" e "perdão", não estamos longe de viver nossa própria oração.

Para os que creem

> Deus não nos força a crer e respeita nossa liberdade. Façamos o mesmo por nossos filhos e netos. Ao contrário, podemos orar por eles, pedindo ao Senhor que se revele a eles. A prece de intercessão por nossos filhos é com frequência o que podemos fazer de melhor, sobretudo se só os vemos de tempos em tempos, se a família mora longe da terra natal. Mas a oração transcende o tempo e o espaço, quer sejamos fervorosos ou não. Eu proponho esta aqui:
>
> "Pai, tu sabes o quanto amamos nossos filhos e nossos netos. Tu também os ama. Eles são teus como são nossos. Tu os emprestaste, os confiaste a nós. Envia teu espírito para que clareie os caminhos da vida deles. Mesmo que tua Igreja não os atraia muito, que eles descubram a beleza do Evangelho e descubram Cristo como aquele que dá sentido à vida, até o dia em que estaremos todos juntos, reunidos em teu Reino. Amém".

Ela imagina que seu sorriso
vai parar o sol entre seus dentes,
que suas sardas vão reter o verão,
que sua mão fará voar o pardal
surgido das poças da alegria
em sua cela franciscana.

Seus olhos nos fascinam,
seus pequenos braços nos puxam
à altura dos seus joelhos,
seus balbucios,
que chamamos de ressonância
do desejo que a pôs no mundo,
pés nus,
erguida sobre nossas palavras
murmuradas.

(Jacques Gauthier, *Au bord de ba blanche*)

A arte de envelhecer

> Perguntaram-me outro dia:
> – O que você faz?
> – Eu me divirto envelhecendo – respondi.
> – É uma ocupação para todos os momentos.
>
> (Paul Léautaud, *Journal littéraire*
> [Diário literário])

A atriz americana Jane Fonda explica em sua autobiografia que tudo começou para ela com a aproximação dos sessenta: "Queiramos ou não, a passagem dos sessenta marca o começo do último ato de nossa existência".[1] Nessa idade, nós sabemos que viver sem envelhecer é uma utopia. Se nem todos adotam um estilo de vida melhor, alguns veem seguramente a velhice chegar a grande velocidade. Daí resulta com frequência melhor reconhecimento dos limites e até sua aceitação.

---

[1] Jane Fonda, *Minha vida*, Rio de Janeiro, Record, 2005.

Os sexagenários têm bastante experiência para reparar nas insuficiências da existência sem fazer drama. A vida é feita de injustiças, desordens, violências e acidentes. Mas ela é também bondade, perdão, doçura e alegria. Nem tudo é preto ou branco. O bom grão não cresce com o joio, e o verdor da vida não conhece momentos de terrível estiagem? Além do mais, sem cair no idealismo, há para muitos o prazer de se tornar avós, de se lançar em novos desafios, de realizar alguns projetos e partilhar certa sabedoria da vida com os mais jovens.

Envelhecer e viver

O fenômeno do envelhecimento é um processo que começa desde o nascimento. Envelhecer faz parte da vida. Existe inclusive "vida" em "envelhecer" e na "velhice".* A vida que nos é transmitida desde a concepção parece um fogo que aumenta com a idade. É uma fagulha no nascimento, uma chama na infância, um incêndio durante a adolescência e uma brasa à medida que envelhecemos. A doença pode atenuá-la, mas não apagá-la. O fogo se mantém, e a velhice pode reanimá-lo se não abdicarmos de amar. Enquanto houver amor e amizade, os entes queridos a quem confiar um segredo, o fogo da vida se reaviva continuamente.

> Nós temos rugas ao redor dos olhos porque rimos; na testa porque refletimos; ao redor da boca porque cerramos os dentes quando tínhamos obstáculos a ultrapassar. Nós vivemos (Merrily Weisbord, *Nous, demain: vie, amour, sexualité et vieillissement*, Montréal, VLB, 1994, pp. 30-31).

---

* Em francês, as palavras *vieillir* (envelhecer) e *vieillesse* (velhice) contêm a palavra vida (*vie*). (N.T.)

Envelhecer, como crescer, é intrínseco a cada etapa da vida, que é marcada por uma ruptura para melhor se abrir ao que vem: deixar a infância de brincadeiras para a adolescência sonhadora, caracterizada pela afirmação de si e o instinto sexual; deixar a adolescência para a vida adulta, definida pelas experiências e limites de seu ser; deixar o adulto realista e responsável pela velhice, marcada pela interiorização e o fim que se aproxima. O começo e o fim fazem parte do todo da vida. A partir do momento em que seres e coisas existem, começam a acabar. A infância é um elo que se situa no prolongamento da vida. A velhice é um fim que a influencia também pelo fato de que esse fim está presente desde o nascimento. É como o último movimento de uma sinfonia, o último traço do pintor, o último verso de um poema que revela o começo da obra. Esse sentimento do fim dá à vida uma urgência, uma gravidade.

Veremos nos próximos capítulos que as idades da vida devem conviver e se enriquecer umas às outras. Tudo que é separado do conjunto da vida, enfraquece e morre; tudo que é relacionado, desabrocha, realiza-se. Em nossos dias, a ponte entre as gerações não parece sempre aberta a essa circulação da vida. Os mais velhos não aproveitam o suficiente do encantamento dos mais jovens e os mais jovens da experiência e da compreensão dos mais velhos.

Nossa sociedade individualista e urbana instaura uma divisão entre os jovens e os idosos. Talvez porque não aceitamos a pessoa de idade pelo que ela é. É como se interditássemos o direito de ela de ser "velha", de transmitir uma lição de vida que passa pela aceitação serena da velhice. Muitas vezes percebemos as pessoas mais velhas como seres dependentes e inúteis, que não contribuem em nada para a sociedade, mesmo que apenas 7% delas não tenham autonomia. É preciso deixar de rotular as idades da vida, para não cairmos no estereótipo que marginaliza os idosos. Essa não é uma variante do racismo e do sexismo?

A velhice representa mais que o simples fato de envelhecer; é uma etapa da vida e um encontro consigo mesmo. A ciência da gerontologia fala dela como de um estágio do desenvolvimento que tem suas leis e seus princípios. A pessoa idosa não é um adulto em regressão, como a criança não é um adulto em miniatura, mas um ser diferente que evoluiu, progrediu. Ele tem sua própria psicologia e criatividade. O envelhecimento não é um distúrbio, não mais que a infância, a adolescência e a vida adulta. Esse foi o grande testemunho de João Paulo II: envelhecer com coragem e serenidade diante das câmeras sem disfarce, apesar da doença que prejudicava seu corpo.

A última fase da vida contém valores que os idosos podem viver intensamente: serenidade, interioridade, autenticidade, transparência, paz e sabedoria. Da criança não existe nada além de viver intensamente com todo seu ser a totalidade da vida, aceitar sua própria vulnerabilidade.

Aceitar e amar sua solidão é aceitar e amar a si mesmo. A solidão que nós acolhemos como a um amigo não é ameaçadora. Podemos ficar sós sem nos sentirmos abandonados pelos outros e por Deus, a menos que vivamos provações particulares, como veremos no próximo capítulo. Quanto mais capazes de viver sós, sem nos sentirmos isolados, melhor poderemos viver com os outros, porque não sentiremos necessidade de ser admirados e compreendidos. Não estaremos obcecados pelo desejo de reconhecimento e aprovação de todo mundo. A solidão será nossa última companhia na hora da morte. "Não, eu nunca estou só com minha solidão", canta Georges Moustaki.

A idade de ouro

Atualmente, as pessoas mais velhas reúnem-se em associações de idosos, em clubes da "melhor idade". É o "poder grisalho", como alguém já mencionou. A demografia lhes dá razão; fala-se cada vez mais de *papy boom*.* Em muitos países os idosos têm direitos e liberdades assegurados pela legislação. No Brasil, o Estatuto do Idoso afirma, entre outras coisas, que os cidadãos mais velhos têm direito à vida, à saúde, à alimentação, à educação, à cultura, ao esporte, ao lazer, ao trabalho, à cidadania, à liberdade, à dignidade, ao respeito e à convivência familiar e comunitária. Seu futuro está intimamente ligado ao amor que a família lhes dá e ao reconhecimento da sociedade. A família e a sociedade não devem considerá-los apenas como consumidores ou pessoas que deveriam ficar em asilos.

O idoso testemunha a finitude humana e a grande viagem que se aproxima, no momento em que sua experiência lhe permite ser enfim um homem. Como escreveu André Malraux, em seu

---

* O termo *papy boom* se refere à aposentadoria da geração nascida durante a explosão populacional ocorrida após a Segunda Guerra Mundial. Esse fenômeno demográfico é relacionado também ao aumento da expectativa de vida e à queda na taxa de natalidade, com o consequente envelhecimento da população. (N.T.)

livro *A condição humana*, é preciso sessenta anos para fazer um homem, sessenta anos de sacrifícios, e quando esse homem está feito, ele não é bom para nada a não ser morrer. Certamente, podemos viver um longo tempo com boa saúde, mas não nos curar da velhice e da morte.

"Não leve a vida muito a sério" – dizia um humorista inglês –, "você não sairá dela vivo". Isso não quer dizer que é preciso ver a velhice como um passatempo inútil, um lazer a mais para continuar jovem. Não caíamos no "juvenilismo", nós somos todos futuros velhos, a menos que morramos antes. Melhor gastar os últimos tempos da vida com bom humor, gracejando de seus defeitos, rindo de si como uma criança, o que é uma arte.

Se a morte é a única certeza que temos, não sabemos nem o dia nem a hora em que ela virá. A "melhor idade" é concedida para nos prepararmos e vivermos as últimas transformações com toda a lucidez: trocar o coração de pedra por um coração de carne, tornar-se forte e grande aceitando nossa fraqueza e pequenez, aprender a nos flexibilizarmos espiritualmente ao invés de nos enrijecer, encontrar razões para confiar ao invés de se lamentar.

Para os cristãos

Na Bíblia, a velhice é evocada por expressões do tipo: "o passar dos dias" ou "o avançar na idade". É outra maneira de falar da "melhor idade" ou da "idade de ouro". As décadas passam ao ritmo das estações.

Com o salmista, nós nos apoiamos em nossa finitude para abandoná-la ao rochedo eterno: "Senhor, foste para nós um refúgio de geração em geração" (Sl 90[89],1).

Que contraste entre a eternidade de Deus e a brevidade da vida humana! Como a erva que desabrocha de manhã e murcha de noite, nós que não somos nada além de pó, mudamos com o passar dos anos. Mil anos representam um longo intervalo de tempo, mas para Deus isso não é nada:

"Pois mil anos são aos teus olhos
como o dia de ontem que passou
uma vigília dentro da noite! [...]
Setenta anos é o tempo da nossa vida,
Oitenta anos, se ela for vigorosa."
(Sl 90[89],4.10)

A armadilha da juventude

A sociedade está envelhecendo. Nascem menos filhos. Os trabalhadores não conseguem mais financiar os institutos de previdência para as gerações futuras. Paradoxalmente, exaltamos o mito de uma sociedade jovem e "adolescêntrica": forte, bela, saudável, vigorosa e livre. Queremos viver, mas sem envelhecer, pois velhice mata.

Quem se recusa a envelhecer já não está morto, uma vez que é da natureza da vida se desenvolver, transformar-se, morrer? Um ser morre, outro nasce. Que utopia funesta não ver o envelhecimento como uma etapa normal da vida, um caminho de sabedoria, conforme lemos no livro de Provérbios: "Nobre coroa são as cãs, ela se encontra no caminho da justiça" (Pv 16,31).

Não há nada de novo sob o sol. Essa questão da fonte da juventude assombra a humanidade há séculos. Agora que milhões de *baby boomers* atingem os sessenta anos, a ciência faz descobertas espetaculares em genética para diminuir a velocidade do processo de envelhecimento. Talvez vejamos medalhistas de mais de 55 anos nos Jogos Olímpicos. Viver mais de cem anos não será excepcional. Um desafio para manter a chama do casal e a motivação para o trabalho, sem falar na idade da aposentadoria que deve ser aumentada.

O desafio me parece, sobretudo, de ordem espiritual. Como envelhecer criando sentido ao redor de si e distribuindo significados para as futuras gerações, completando seu trabalho até o fim? Como morrer, se o ser humano não admite sua finitude, se ele recusa que outra vida se inicie fora de seu próprio domínio? Como cantarola Petula Clark: "Todo mundo quer ir para o céu, mas ninguém quer morrer".

Em nosso tempo, sonhamos em viver para sempre. Os cientistas fazem brilhar algumas promessas: curar-se com o uso de células-tronco, de medicamentos adaptados ao perfil genético da pessoa e suplementos alimentares com poderes antioxidantes ilimitados. A quem servirá isso? Sobretudo aos ricos e poderosos deste mundo, que terão meios de alongar sua vida. Eles poderão inclusive ganhar mais dinheiro, em detrimento dos menos prósperos e do meio ambiente do planeta.

É louvável querer viver com boa saúde pelo máximo de tempo possível e ser autônomo até o fim de seus dias. Mas o ideal de conservar a juventude torna-se uma armadilha, se o tomamos apenas para o corpo e não para a alma, se desejamos nosso desenvolvimento pessoal em detrimento do desenvolvimento do outro. "De que adianta ao homem ganhar o universo, se vier a perder sua alma", dizia Jesus.

Quando somos jovens, brincamos de envelhecer. Quando envelhecemos, é o contrário. Observemos as capas das revistas de moda. Quando a vida se resume à cor dos cabelos e aos quilos a perder, rapidamente regredimos à infância. O homem perde seus cabelos e tem a impressão de não ser mais sedutor; a mulher fica com os cabelos brancos e pensa que é a única coisa que se vê nela. Ele ganha barriga, ela não entra mais em seu jeans: é uma catástrofe. Rápido, uma dieta milagrosa. O Dom Juan e a Lolita procuram o creme mágico e os tratamentos cirúrgicos que retardarão os sinais do envelhecimento. Mas ninguém escapa de seus próprios genes e envelhecemos como vivemos.

Contudo, o vinho não entrega seu segredo a não ser depois de anos de amadurecimento. É quando renunciamos ao buquê de um bom vinho que nos tornamos velhos. Quem não se revolta contra a estupidez já está morto. Existe uma mania de sempre comparar a velhice à juventude, como se na juventude houvesse todas as virtudes e a terceira idade não tivesse valor em si mesma. Testemunha isso o conhecido texto atribuído ao general MacArthur:

> A juventude não é um período da vida, é um estado de espírito. Envelhecemos na medida em que renunciamos a seus ideais. Os anos enrugam a pele, mas a perda de entusiasmo enruga a alma. A inquietude, a dúvida, a falta de confiança em si, o medo, o desespero, tudo isso faz curvar a cabeça e reduz a pó um espírito que teria o poder de se desenvolver. Quer tenhamos dezesseis anos ou setenta, existe no coração de todo ser humano o amor ao maravilhoso, o espanto diante das estrelas e dos pensamentos e coisas brilhantes, o apetite insaciável como o de uma criança pelo que reserva o futuro, a alegria e o desafio da vida. Você é tão jovem quanto sua fé e tão velho

quanto suas dúvidas, tão jovem quanto sua confiança e tão velho quanto seu medo, tão jovem quanto sua esperança e tão velho quanto seu desespero. (Sylvia McDonald, *Une retraite pleine de vie*, Montréal, Novalis, 1984, p. 83)

A via ascendente

Nós somos feitos para ascender. Talvez seja por isso que somos seres que vivem de pé. Mas, às vezes, nossa escalada é para baixo. Dizemos que aos sessenta começa a "via descendente", mais perto do fim que do começo. Os veteranos estão no terceiro movimento da sinfonia de sua vida. Eles se lembram das primeiras notas da infância, do tempo mais grave da adolescência e dos quarenta, e agora o sentimento da morte lhes oferece uma maior maturidade. A significação profunda dessa obra vai se revelar ao fim de sua existência. Eles a aceitam sem falsas notas, a acolhem sem cinismo, sabendo que as coisas são efêmeras e as possibilidades limitadas. Morrer, pode até não ser nada, cantava Jacques Brel, "mas envelhecer... oh, envelhecer!".

Quem disse que nos tornamos velhos quando ficamos parecidos com nossos pais? Em que idade começa a velhice? Certamente não aos 65 anos, mesmo se passamos a receber a pensão do governo. O sexagenário é rico de todo um conhecimento que aprendeu com o tempo. Ele se conhece o suficiente para dosar seus esforços e estar atento à saúde. Muito próximo da realidade, não desperdiça suas energias inutilmente. Ele partilha certa sabedoria do coração e da alma que instrui o corpo. Sua vida é mais uma missão ou uma tarefa a realizar do que uma juventude a reaver.

Mesmo que os sinais do envelhecimento se manifestem pouco a pouco em nossos corpos, o dinamismo e o apetite de viver mantêm-se intactos, pois temos por vocação ajudar as outras pessoas a se realizarem. Seria isso ter alma? A vida é mais densa na medida em que a curva da vida decresce e a saúde mais preciosa quando o sentimento de nossa precariedade continua intacto. A vida diminui, o espírito cresce, a idade nos faz desabrochar.

> Tenho hoje sessenta anos bem vividos. Não sou mais muito jovem, mas não sou, tampouco, realmente velha [...] Eu pareço jovem. Dizem-me e eu quero acreditar. Sou entusiasta e alerta como há dez ou vinte anos. Mas sei que ter sessenta anos é me cansar um pouco mais rápido, me sentir menos flexível e perceber isso quando tenho que procurar uma panela no fundo do armário. É também perceber o limite de minha resistência quando uma festa se prolonga e admitir que duas taças de vinho são suficientes, ao contrário de antes, quando podíamos confortavelmente esvaziar uma garrafa a dois! (Claire Blanchard de Ravinel, Hubert de Ravinel, op. cit., p. 64).

Então, via ascendente ou descendente? Aqui também tudo depende da idade e da hereditariedade. Não vivemos do mesmo jeito aos sessenta e aos oitenta anos. Se descendemos de uma família onde existem muitas doenças cardiovasculares ou casos de câncer, isso pode influenciar nossa velhice. Cada pessoa é única. "Já vimos o fogo jorrar de um vulcão que acreditávamos extinto", canta Jacques Brel em "Ne me quitte pás".

Para os que creem

Uma graça se instala no envelhecer que se abre ao infinito. Avançamos no tempo deixando para trás aquilo que é desumano. Temos mais liberdade para amar, aprender, descobrir, ler, meditar e rezar. Podemos fazer da vida uma obra em construção, mesmo aos oitenta anos. Assim, quando nos acreditamos no fim da viagem, no término da estrada, consumidos pela doença, descobrimos uma nova melodia que atinge o coração com um sentimento inédito. Confiamo-nos a Deus, ou a outro nome que preferirmos, pouco importa, pois no momento favorável ele nos dirá seu verdadeiro nome.

"Assim que sobre meu corpo (e ainda mais sobre meu espírito) começar a aparecer o desgaste da idade; quando se dissolver sobre mim o externo, ou nascer em mim o interno, o mal que enfraquece ou domina; no minuto doloroso em que perderei toda a consciência de que estou doente ou de que me tornei velho; nesse último momento, quando sentirei que escapo a mim mesmo, absolutamente passivo nas mãos de grandes forças desconhecidas que me formaram; em todas essas horas sombrias, dai-me, meu Deus, a compreensão de que é vós (contanto que minha fé seja suficientemente grande) quem separa dolorosamente as fibras de meu ser para penetrar até a medula de minha substância, para me arrebatar em vós." (Pierre Teilhard de Chardin, *Le milieu divin*, Seuil, 1957, pp. 95-96 [Ed. bras.: *O meio divino: ensaio de vida interior*, Petrópolis, Vozes, 2010])

A memória em todos os seus estados

Podemos definir a velhice como esse momento significativo da vida que é caracterizado por uma grande vulnerabilidade, uma consciência da morte, uma diminuição das forças físicas e sexuais, sobretudo a partir dos 75 anos. Certos sinais não mentem: falta de fôlego, lentidão, peso, rigidez, surgimento de rugas, cansaço, perda da memória...

Modificando apenas alguns aspectos de nosso modo de vida, podemos diminuir a velocidade do processo de envelhecimento: ter um regime alimentar equilibrado e moderado em substâncias gordurosas, evitar o cigarro e o consumo excessivo de álcool, fazer exercícios físicos, aproveitar o tempo para dormir, estimular o cérebro e reduzir o estresse através de uma atividade espiritual como a oração.

Por exemplo, graças ao exercício físico, seja caminhar ou nadar, andar de bicicleta ou correr, nós reduzimos o risco de doença cardíaca e acidente vascular cerebral, modificando as taxas de colesterol sanguíneo e desenvolvendo uma circulação coronariana colateral. Aumentamos também a taxa de neurotransmissores essenciais presentes no cérebro. A atividade física eleva principalmente a taxa de serotonina, reduz a depressão e equilibra nosso estresse.

Como consolo, o cérebro, esse maravilhoso instrumento, que não emitiu todas as suas notas cinzentas, resiste muito mais ao envelhecimento que o nosso corpo. Trabalhos recentes sobre o córtex cerebral mostram que nosso cérebro não é usado a não ser que o estimulemos suficientemente. O estímulo cognitivo e os jogos de memória evitam a degradação mental. Pensemos em palavras cruzadas, sudoku,* scrabble,** xadrez, aprendizagem de uma língua estrangeira, cursos universitários, leituras... Muitas pessoas de idade avançada, célebres ou não, conservaram sua capacidade mental até o fim da vida porque mantiveram uma atividade intelectual e escolheram fazer as coisas que amavam.

Segundo a pesquisa do neurologista David Snowdon, da Universidade do Kentucky, iniciada em 1986 e envolvendo 678

---

* Espécie de quebra-cabeça baseado na utilização lógica de números em uma tabela. (N.T.)
** Jogo de formação de palavras cruzadas no tabuleiro. (N.T.)

religiosos católicos americanos de 85 anos em média, as pessoas otimistas e os leitores assíduos têm um risco menor de desenvolver a doença de Alzheimer, ao contrário das pessoas depressivas ou que foram vítimas de problemas cardíacos.[2] O cérebro envelhece bem, o que não quer dizer que não temos memória, quando ocorrem os lapsos. A memória começa a se deteriorar aos vinte anos. Mesmo que seja mais humilhante esquecer a chaves no carro aos sessenta anos, isso acontece também aos vinte. Existem inclusive muitas formas de memória: semântica, para o conhecimento; processual, para os gestos; episódica, para as lembranças; de curto prazo, por exemplo, para utilizar um número de telefone lido em um anúncio. Essa memória de curto prazo sofre mais os efeitos do envelhecimento do que a de longo prazo.

Podemos esquecer os eventos recentes, o que comemos na última refeição, mas nos lembramos muito bem de antigos eventos, como de certo professor da escola primária, por exemplo.

Não esquecemos como dirigir o carro, mas não conseguimos nos lembrar do nome de uma pessoa ao reencontrá-la. Isso não acontece porque perdemos a memória, mas porque com a idade sobrevém um declínio das funções mnemotécnicas.* Nossos circuitos diminuem e a velocidade de execução também. Certos medicamentos, sobretudo os antidepressivos, também alteram nossas capacidades cognitivas.

---

[2] Esse estudo sobre os efeitos físicos e mentais do envelhecimento prossegue atualmente. Veja o site: <www.nunstudy.org>.

* Mnemotécnica é uma técnica de estimulação da memória. O nome vem da deusa da memória, Mnemosyne. (N.T.)

Quanto mais a pessoa envelhece, mais se lembra de certas recordações da época de sua infância. Ela retorna ao país de seu coração, mas não retorna à infância, como se recobrasse o passado. Apenas se reúne à criança que vive no mais profundo de seu ser frágil e que a convida à reconciliação. Seu coração se torna líquido e dá de beber aos buscadores da fonte. "Estando próximos da infância, recuperamos nosso verdadeiro lar", nota o escritor Henri Troyat.

> Com a chegada da idade, percebe-se que tudo nos foi dado durante a juventude. Cada um dos mais ínfimos eventos, ou que assim pareceram naquele momento, marcaram nossa vida. É porque, no fundo, o que existe de essencial em nós é a infância. Se você acha bonito os cabelos brancos, as rugas, levar um tempão para subir uma escada é por causa da criança que persiste em nós, e provavelmente até o último suspiro (Florence Noiville, *Troyat ou l'enfance retrouvée*, Le Monde, 29 mar. 1991, p. 19).

Uma arte de viver

O sexagenário que vê chegar a velhice não confunde plenitude de vida com juventude. Ele não se apega à primavera de ontem, que não inveja, mas sabe ver nas renúncias de sua idade o recolhimento digno de um bom outono. Atividades tão simples quanto fazer cursos, cozinhar, se divertir, passear a pé ou de carro tornam-se complexas ao envelhecer, sobretudo quando se vive só.

Se o idoso rende-se ao fato de envelhecer, resigna-se ao que foi, mas se agarra ao que lhe resta para viver, corre o risco de se fechar em uma letargia senil com seus avatares: dinheiro, álcool, jogo... Torna-se um ser teimoso e ciumento, que chora por qualquer motivo, quer sempre ter razão e tiraniza suas companhias. Faz dos divertimentos uma fuga, para não se ver envelhecendo. Joga as últimas partidas de sua vida triste sobre as falsas notas que não serão lidas pelas gerações futuras, ao invés de se abrir à gratidão pelo que foi e o que vem.

Aprender dia após dia a não lamentar o que passa, mas render graças pelo que foi e se abrir ao que é, ao que vem, à vida vitoriosa sob outra forma, à frágil irmã Esperança. Sua lâmpada sempre ilumina o nó de temores e dúvidas (Colette Nys-Mazure, *L'âge de vivre*, Desclée de Brouwer, 2007, p. 259).

A velhice, se bem-aceita, é tempo de grande disponibilidade. O ritmo diminui, as necessidades também. Se a curva da energia vital do corpo decresce, com a idade o vigor espiritual da alma aumenta. Inventa-se a humanidade mais naturalmente, só ou com os outros. Pode-se recuperar o verdadeiro sentido das coisas, a beleza da vida, apesar da dor a ser controlada. O corpo, menos rápido, faz apreciar a lentidão do tempo. A diminuição da velocidade das atividades pode favorecer maior disponibilidade para a interiorização e a ação de graças.

Depois de ter aceitado bem os desapegos, chega a última renúncia, a morte. Nós a aceitamos como um enraizamento normal depois de uma vida de semente. Uma espiritualidade do envelhecimento, ou essa arte de viver despojadamente, engendra outro tipo de crescimento e fecundidade, de maturidade e beleza; é o caminho da via interior, como testemunha esta velha dama:

> Eu decidi deixar minha grande casa para viver em um apartamento mais modesto. Meu ambiente limita-se em muitos aspectos, mas minha interioridade não para de crescer, de se aprofundar. Eu tenho menos espaço, mas mais tempo para enriquecer meu interior, me abrir ao mundo, acolher os outros, frequentar meu Deus e o vasto horizonte que ele oferece à minha

alma. Eis-me mais sonhadora e poeta, o que não pude permitir-me antes. O desapego de que fala o Evangelho coloca tudo em outro sentido... Um sentido de enriquecimento inesperado. Eu sei apreciar melhor as coisas, os bens, as alegrias que restam, como dizia o belo Salmo da missa desta manhã. As riquezas espirituais não têm limites. Eu sei, eu sei... Eu vivo na contracorrente de minha época. Mas tenho um pressentimento de que meus netos vão descobri-la um dia. Eu os sinto tão perto de mim... Eles me escutam e me questionam (Jacques Grand'Maison, *Réenchanter la vie*, Montréal, Fides, 2004, p. 229).

Para os que creem

A velhice é o tempo das colheitas e da fidelidade. A água passou sob as pontes, retornamos a quem amamos: cônjuges, filhos e amigos. Não temos mais que conseguir um lugar ao sol, é chegada a hora de se consagrar ao essencial, de viver uma grande aposentadoria em Deus. Não é questão de se isolar em si mesmo, mas de se abrir aos outros e de levá-los em nossa oração.

"Nossa própria oração envelhece: sonolência, dificuldade de se concentrar... Mas o espírito não envelhece e continua a orar em nós com gemidos inefáveis. Aceitemos receber dele uma oração simples, reduzida a algumas palavras que nada podem além de lembrar o essencial, como essas pessoas idosas que contam sempre as mesmas histórias, mas que, através delas, dizem alguma coisa de si mesmas" (Michel Rondet, *Écouter les mots de Dieu*, Bayard, 2001, p. 230 [Ed. bras.: *Escutar as palavras de Deus: os caminhos da aventura espiritual*, São Paulo, Loyola]).

Eu me habituo suavemente
Não o faço muito rápido
Eu me habituo, eu me habituo
Eu sinto uma lágrima nos olhos
Sinto um leve batimento do coração
Eu me habituo aos cabelos que caem
A meus olhos que embaçam
Eu me habituo suavemente
À luz menos forte
Eu ando mais lentamente
Muito mais suavemente
Não o faço muito rápido
Meu coração bate mais forte, mais rápido
Mas eu me habituo suavemente
Eu deixo cair lentamente
As máscaras que me escondiam
Eu me desnudo lentamente
Eu sinto uma lágrima nos olhos
Sinto um ligeiro soluço
Meu coração de pedra se adoça
Meu coração de carne está lá
Sob minha carapaça
Suavemente eu o mostro,
Lentamente os cenários caem
E eis-me aqui frágil
De pé diante de vós
A ternura escorre da chaga
De meu coração de criança.

(André Daigneault, *Le long chemin vers la sérénité*, Le Renouveau, 1998, p. 168)

A aridez espiritual

> Uma vez saído da infância,
> é preciso sofrer muito tempo para retomá-la,
> como no fim da noite encontramos
> uma nova aurora.
> (Georges Bernanos, *Dialogues des Carmélites*)

Vimos que os sessenta anos são uma etapa inestimável da vida em que entramos na aposentadoria e podemos, eventualmente, nos tornar avós. Os aposentados continuam ativos e produtivos na sociedade. Por outro lado, podem sentir uma grande solidão e falta de amor que se manifestam como uma aridez espiritual. Se têm uma crença, essa aridez torna-se tanto mais penosa na medida em que Deus, o objeto de desejo, parece ausente.

Longe de ser um rio tranquilo, a vida humana é frequentemente um caminho árduo, delimitado por cruzes: doença, fracasso, medo, desânimo, dúvida, isolamento, remorsos, perda, morte... Certamente, os percursos da vida variam conforme os sexagenários e suas histórias, mas o sofrimento, seja físico, psicológico, moral ou espiritual, nos alcança um dia ou outro no cruzamento de nossos caminhos, pois somos seres de desejo e "a vida é tão frágil".

> Somos apenas o que podemos ser
> Somos raramente o que cremos
> E assim que achamos um Deus
> Logo recebemos uma cruz
> A vida é tão frágil...
> (*Si fragile* [Tão frágil], Luc de Larochellière,
> autor-compositor-intérprete originário de Quebec, Canadá)

A aridez espiritual pode estar ligada aos ciclos hormonais e aos problemas de saúde, a passagens da vida relacionadas a eventos dolorosos, como os lutos que nos lançam em uma grande pobreza interior. Esse período de crescimento é uma oportunidade de mudança. Parece-me importante que a pessoa encontre um modo de expressão que lhe permita dizer o que vive. Ela pode, assim, exorcizar seu mal e ver um pouco de luz no fim do túnel. Esse modo de expressão pode assumir várias formas: confidências a um amigo, cartas, diário íntimo, orações, poesia, pintura, dança, teatro, música, artesanato...

Quando Deus parece ausente

Durante a aridez espiritual, Deus parece ausente, indiferente, escondido em um longo e pesado silêncio. Esse sentimento de ter sido abandonado por Deus é sentido como um vazio interior, uma solidão árida, uma impotência angustiante, uma carência existencial. Os desejos são contraditórios, o céu se mostra encoberto, o cansaço se instala, nos sentimos estrangeiros em nossa terra, a alma torna-se melancólica, o corpo parece uma pequena lâmpada de barro cozido na mecha endurecida. Esse período da vida chega normalmente mais tarde na via espiritual, ou seja, próximo dos quarenta e dos sessenta anos.

O salmista é frequentemente confrontado a essa deserção de Deus que põe a prova sua esperança: "Até quando me esquecerás, Senhor? Para sempre? Até quando esconderás de mim a tua face?" (Sl 13[12],2). E esse grito do servidor que sofre, repetido por Jesus, no Getsêmani, durante a grande solidão de vertigem nas trevas: "Meu Deus, meu Deus, por que me abandonaste?" (Sl 22[21],2).

Didier Rimaud ecoou esse sofrimento em um de seus hinos:

> Na direção de meu Deus vai meu lamento:
> Podes então me abandonar?
> Que eles desmoralizem seu abraço
> Esses que vêm me livrar!
> Eu tenho os olhos cheios de lágrimas
> Quando dizem "Onde está seu Deus?"
> Mas que importam meus sofrimentos?
> Tu, tu és minha esperança.
> (*Missel noté de l'assemblée*, 1990, p. 247)

Os místicos empregam diferentes imagens para ilustrar essa aridez da alma que parece mais uma desolação espiritual do que uma depressão psíquica, mesmo que essa não possa ser excluída. São João da Cruz fala do deserto e da noite escura; Teresa de Lisieux, de nevoeiro e de túnel; Madre Teresa, de vazio e escuridão, como revela uma passagem de sua correspondência e de seus escritos íntimos: "Onde está minha fé, no fundo de mim, onde não há nada além de vazio e escuridão, meu Deus, como esse sofrimento desconhecido é doloroso, eu não tenho fé".*

Madre Teresa

Falecida em Calcutá, em 5 de setembro de 1997, aos 87 anos, Madre Teresa quis doar sua alegria a Cristo e às pessoas que a cercavam, aceitando e amando essas estranhas trevas nela e que a faziam sofrer muito. Ela sabia que Deus se servia de sua pequenez para mostrar sua grandeza. Aos 55 anos, escreveu uma carta ao Padre Neuner, onde lhe confia "como é terrível estar sem Deus". O estilo de sua correspondência destaca-se por um grande número de maiúsculas e abundância de hífens, revelando sua urgência de ir ao essencial: "A solidão é tão grande. Eu não encontro ninguém nem no interior nem no exterior a quem me voltar. [Deus] tirou o apoio, não apenas espiritual, mas também humano. Eu não posso falar com ninguém e, mesmo se o fizer, nada penetra minha alma. Desejava ardentemente falar com você em Bombaim, e nem mesmo tentei tornar isso possível. Se o inferno existe, ele deve ser assim. Como é terrível estar sem Deus, sem oração, sem fé, sem amor. A única coisa que ainda importa é a convicção de que a obra é dele, que as irmãs e os irmãos são dele. E me agarro a isso como uma pessoa que não tem nada se agarra a um cisco de palha antes de se afogar. E, portanto, padre, a despeito de tudo isso, eu quero lhe ser fiel, consumir-me por ele. Amá-lo não pelo que oferece, mas pelo que toma; estar à sua disposição" (Madre Teresa, op. cit., pp. 286-287).

Esse deserto do amor e esta noite de fé a fizeram comungar da sede de Jesus sobre sua cruz e aquela de seus contemporâneos, que buscam um sentido para sua vida. Ela escreveu, em 6 de março de 1962, essa que pode ser considerada sua carta de missão: "Se jamais me tornar santa, serei certamente uma santa das 'trevas'. Estarei continuamente ausente do céu para iluminar aqueles que estão nas trevas sobre a terra" (ibid., p. 266).

---

* Para a parte da correspondência de Madre Teresa que relata sua noite de fé, ver *Viens, sois ma Lumière*, Lethielleux, 2008. (N.T.)

O romancista Georges Bernanos escreveu que "a fé é 24 horas de dúvida menos um minuto de esperança". Madre Teresa viveu durante cinquenta anos uma noite de fé que se manifesta pelo sentimento de perda de Deus, a aridez na oração e a aridez espiritual. Ela será assim solidária a seu século, marcado pela descrença. O minuto de esperança que preenchia sua jornada terá sido o de saciar a sede de Jesus, partilhando um pouco de sua agonia e amando os mais pobres entre os pobres.

Dez pistas a seguir

A pessoa estagnada na aridez espiritual sente-se desorientada, pois tem a impressão de perder o norte, não lhe resta mais do que este minuto de esperança e a oração breve, presente nos salmos: "Onde estás, Senhor? Por que te escondes? Como crer em ti? Minha oração não é mais que lágrimas, gritos e suspiros, tu entendes? Como suportar teu silêncio que marca meu coração a ferro quente? O que fiz de mal?".

Essas questões manifestam uma fé viva, não uma indiferença. O sofrimento que sentimos na aparente ausência de Deus mensura muito mais o desejo que temos dele do que nossa descrença. Mas como resistir nesse tempo de provações e purificação, o que, para o cristão, é uma passagem da morte à vida, no caminho do Cristo?

Tentarei responder a essas questões, indicando dez pistas que nos podem ajudar a caminhar nas sendas da aridez espiritual, reconhecendo que nessas contrariedades da alma, quando sofremos a falta de Deus, o silêncio e a poesia são mais eloquentes que o discurso. Temos frequentemente o gosto, como o profeta Elias, de nos deter no caminho e nos esquivar: "Agora basta, Senhor! Retira-me a vida, pois não sou melhor que meus pais" (1Rs 19,4).

Portanto, é no próprio seio desse drama interior que encontramos um Deus compassivo que passa "no murmúrio de uma brisa ligeira" (1Rs 19,12) e nos acompanha em nossa travessia do deserto. Eu sei bem que nem todos vivem essa travessia aos sessenta, mas me parece que, mesmo assim, essas pistas podem ajudar.

Atravessar o deserto

O deserto na Bíblia não é um lugar onde vivemos permanentemente. Nós o atravessamos, de passagem, como o povo hebreu e Jesus, sem nos fixarmos por muito tempo, mesmo se a quarentena parece longa. Nós somos ali "os estrangeiros e os viajantes [...] à procura de uma pátria" (Hb 11,13-14). O deserto nos revela que nossa viagem é interior e que será árdua. Ele nos leva da cabeça ao coração, dos discursos à oração, mesmo que não saibamos como acontece, sobretudo depois que a opacidade parece recobrir tudo e que nos desequilibramos como um bebê. Quer avancemos ou recuemos, não podemos cair senão nos braços do pai que cura o filho pródigo. É uma experiência que não se aprende nos livros.

O deserto revela nossa pobreza e nossa falta de fé. É o lugar da tentação e da provação, do jejum e da aridez. Mas é também o lugar onde Deus dá a mão e onde se revela, apesar de nossas infidelidades: "Minha esposa infiel, eu vou seduzi-la, eu vou arrastá-la até o deserto, e lhe falarei de coração para coração" (Os 2,16).

O deserto não entrega seu segredo até que a carne que sofre se torne queimadura, grito, oração; uma oração de recolhimento que deixa mais espaço para o silêncio do que para fórmulas, uma oração de vida que é um caminho a percorrer mais do que um ritual a cumprir.

Para que sair do deserto do Egito, se nós recusamos aquilo que Deus quer estabelecer em nossa alma, quando vem investir nossa oração de seu sopro ardente? Esse deserto é o próprio Deus, escreveu São João da Cruz, presente no coração de um silêncio ilimitado. Esse deserto divino nos escapa continuamente, nada podemos a não ser desejá-lo, tocá-lo de leve. Então começa a verdadeira oração, aquela que não aprendemos e que não percebemos estar rezando enquanto o fazemos. O melhor método aqui é não tê-lo. O maior esforço é não fazer. Não possuindo nada, possuímos tudo.

Comungar do sofrimento do mundo

O deserto não é mais o que era. Madeleine Delbrêl[1] mostrou que ele se encontra no centro das cidades. Atravessamos esse deserto com pessoas comuns de nossa rua e de nosso mundo, que vivem como se Deus não existisse. Como São Francisco de Assis, lamentamos que "o amor não é amado".

Temos que viver de Deus em um mundo sem Deus, dizia o pastor e teólogo Dietrich Bonhoeffer, enforcado em 9 de abril de 1945, no campo de concentração de Flossenbürg: "Deus se permite sair

---

[1] Madeleine Delbrêl (1904-1964), assistente social, poeta e mística, é uma das grandes figuras do catolicismo social do século XX.

do mundo e ser pregado na cruz. Deus é impotente e alvo de deboche no mundo, e somente assim ele está conosco e nos ajuda" (Dietrich Bonhoeffer, *Résistance et soumission*, Genève, Labor et Fides, 1973, p. 366 [Ed. bras.: *Resistência e submissão: cartas e anotações escritas na prisão*, São Leopoldo, Sinodal/EST, 2003]).

Trazemos este mundo secularizado em nosso tempo de aridez e oração, e o oferecemos a Deus que tanto amou o mundo. Nossa falta de Deus é também a dele. Tantos contemporâneos nossos gemem nos desertos da violência e nas noites da dor. Nossa aridez torna-se fecunda assim que é unida à do Cristo na cruz, para nossos irmãos e irmãs em busca de sentido.

Com efeito, nós, embora vivamos, somos sempre entregues à morte por causa de Jesus, a fim de que também a vida de Jesus seja manifestada em nossa carne mortal. Assim, a morte trabalha em nós; a vida, porém, em vós (2Cor 4,11-12).

É na noite de nossa aridez, quando pensamos que perdemos Deus, que podemos melhor encontrá-lo, pois não o possuímos mais. Quando cremos tê-lo, ele se dá mantendo-se afastado, talvez porque escreva o novo sobre as páginas de nossa vida. Ele se revela secretamente purificando nossas imagens e nossos pensamentos. Sua presença é ausência, ferida, afastamento e fome. O poeta Novalis dizia que Deus nos separa como o mar separa os continentes, retirando-se. Mas nós sabemos que Cristo nos acompanha nesse caminho da cruz. Com ele, o fardo torna-se mais leve, pois é sua cruz que levamos.

Consentir com a noite

Para São João da Cruz, a noite simboliza a passagem da alma na união com Deus que se vive durante a aridez espiritual. Ele dá três significados à palavra "noite". Primeiro, a pessoa deve renunciar a encontrar Deus por seus próprios sentidos; essa renúncia do sensível é uma privação. Depois, o meio para ir até Deus é a fé; e a fé é obscura para nossa inteligência. Enfim, Deus é a meta na direção da qual a alma se dirige, ele é inacessível; nós não podemos conhecê-lo senão à noite, pela fé e o amor. Esse Deus que "ninguém jamais viu" (Jo 1,18) é "um Deus escondido" (Is 45,15). Ele está sempre além de nossas considerações, imagens, representações e crenças.

O místico espanhol distingue duas formas de noite mística. A "noite dos sentidos" é uma perda do gosto nas relações com Deus, mesmo que o desejo por Deus perdure. A "noite do espírito" é muito mais dolorosa, pois a vida perde seu significado e a eternidade torna-se causa de tormento. É a que Madre Teresa viveu. Para Teresa de Lisieux, é a "noite do vazio". É a intenção do coração que conta, não nossas impressões.

Essa prova da aridez testa nossa fé e desestabiliza nosso ser. A existência fica pesada, as coisas de Deus nos repelem, a oração nos entedia, a missa é uma obrigação. Bendita noite, canta São João da Cruz, que nos protege da vaidade e da glória pequena, onde ninguém nos vê, até que tomemos a escada secreta da fé para ir rumo ao que nosso coração arde por obter: a transformação do Bem-Amado em beleza. A tentação aqui é deixar tudo, agora que Deus nos convida a atravessar a noite na ausência de fé, contando a não ser com ele. É quando não temos nenhum apoio além de Deus que a fé clareia a inteligência; é quando não temos mais nenhuma expectativa que a esperança purifica a memória; é quando não sentimos mais a presença de Deus que seu amor transforma a vontade.

A aridez que provém dessa noite dos sentidos ou do espírito vem de Deus. Ela não nasce da frieza nem da covardia, nota São João da Cruz, pois sofremos por não amar a Deus como se deveria. A noite mística cristã não é no fundo mais que uma noite de amor vencida em companhia de Cristo morto e ressuscitado, presente na ausência. Essa noite nos consome do desejo da presença de Deus, da vontade de conhecê-lo para nos assemelhar ainda mais a ele, nós que não somos apenas feitos de pó, mas criados a sua imagem e semelhança. A oração se torna, então, um simples olhar de amor no qual Deus observa a alma que se sabe viva por ele, mesmo que ela não sinta nada. Essa contemplação não se vive nas consolações nem nas luzes, mas na aridez e na noite de fé. Porém, no ponto final da alma existe sempre a paz de Cristo que o mundo não pode dar. Consentir com a noite é consentir com essa paz profunda que ultrapassa todo conhecimento.

Ter paciência durante a prece

A oração é o lugar da aridez por excelência. Essa forma de rezar é uma conversa de coração para coração com Deus, na qual nos sabemos amados mesmo se não o sentimos. Ficamos presentes para a Presença, em silêncio e solidão amorosa com Deus. Por vezes, nós passamos da meditação à contemplação, quer dizer, da reflexão à atenção amorosa a Deus, pois já não existe satisfação em meditar e discorrer. Comungamos com Deus, em uma paz sutil e delicada, observando-o em silêncio, sem nada compreender.

São João da Cruz deu três sinais para saber que é tempo de abandonar a via da meditação na oração por aquela da contemplação. Primeiro sinal: a pessoa não encontra mais gosto e consolação em meditar e raciocinar com a imaginação e a memória. Segundo sinal: não existe nenhum desejo de focar a atenção sobre representações ou objetos exteriores, a pessoa sente aridez e falta de sabor ao rezar. Terceiro sinal, o mais certo segundo o carmelita: a pessoa sente uma grande aridez, mas está ao mesmo tempo tentada a permanecer em solidão amorosa com Deus, em uma paz sutil e delicada, observando-o em silêncio, sem nada compreender.

Para o carmelita espanhol, "a contemplação não é nada além de uma infusão secreta, pacífica e amorosa de Deus na alma; e essa infusão, desde que não encontre obstáculos, agita a alma com o espírito do amor" (*A noite escura*, I,11,2). O que não quer dizer que não exista mais a aridez, a impotência e a obscuridade, daí o interesse de fazer sem esforço atos de fé, de esperança, de amor mais profundo da alma, como tantas flechas lançadas na direção da "nuvem de desconhecimento" que nos separa de Deus.

Orações vocais curtas, como o Pai-Nosso, os Salmos e as orações a Maria, podem ajudar a resistir na nudez da contemplação, contanto que recitemos com o coração e não com os lábios, a fim de retirar delas a seiva que facilita o recolhimento.

A pequena Teresa, que frequentemente dormia em suas orações, entrega-nos aqui sua experiência:

Por vezes, quando meu espírito está em uma aridez tão grande que me é impossível concluir um pensamento para me unir ao Bom Deus, recito bem lentamente um Pai-Nosso e depois a saudação angélica ("Ave, Maria"); então essas preces me arrebatam, elas nutrem minha alma bem mais do que se eu as tivesse recitado precipitadamente uma centena de vezes (Thérèse de Lisieux, *Histoire d'une âme*, Presses de la Renaissance, 2005, p. 314 [Ed. bras.: *História de uma alma*, 4. ed., São Paulo, Paulinas, 2012]).

Deixar Deus fazer

A aridez contemplativa é um bem para a alma, apesar do cansaço, do sentimento de impotência e da tentação de abandonar tudo. É um caminho de abandono que leva a Deus, desapegando-nos da fidelidade aos bens materiais e espirituais. Nós deixamos Deus nos amar. Para perseverar nesse estado de confiança, no amor de Deus é preciso discernimento, paciência e humildade.

Santa Teresa d'Ávila sugere o mesmo remédio, quando fala da aridez na oração de recolhimento que vem principalmente da distração. Para ela, a distração é um sofrimento e a aridez é um estado de desolação acompanhado de tristeza, impotência e agitação. O importante aqui não é fazer muito, mas se deixar fazer por esse Deus que está presente no fundo da alma. As distrações nos lembram de que não sabemos rezar como é preciso e temos necessidade do Espírito para que ele venha nos auxiliar em nossa fraqueza.

A experiência da aridez pode parecer um tipo de depressão. Essa provação deixa a alma sem força. De ativa, ela se torna passiva. Ela sofre em silêncio, sem saber muito o que acontece, mas é Deus que age para seu bem. Ela deseja mesmo fazer a vontade de

Deus e continuar fiel à oração e aos sacramentos, sobretudo o da Eucaristia.

Deus tem a iniciativa, nós não temos nada a fazer a não ser estarmos disponíveis para sua ação, esperá-lo como um vigia espreita a aurora. Ele se mantém perto de nós tanto na aridez quanto na abundância. Revela-se quando e da maneira que quer, segundo as características e as personalidades de cada um. Nós só precisamos deixá-lo agir e deixá-lo nos amar, mantendo-nos firmes durante a presença de sua ausência. Que desafio para os "adultos" que somos, que amam fazer coisas "importantes" e ter o controle de nossa vida! Essa via por excelência demanda abandono à misericórdia divina, o que exige uma grande flexibilidade interior e uma escuta renovada da Palavra de Deus.

Se alguém me ama, guardará minha palavra e meu pai o amará e a ele viremos e nele estabeleceremos morada (Jo 14,23).

Escutar a Palavra

No Angelus* de 18 de julho de 2004, João Paulo II fazia esta confidência: "Escutar a Palavra de Deus é a coisa mais importante de nossa vida". Quando atravessamos as provações da vida com um coração desértico, a oração não nos diz mais nada e nos entediamos diante de Deus – lembremo-nos sempre de que o Espírito de Deus sopra nas Escrituras. O mínimo a ser feito é escutá-lo. Deus chama através de sua mensagem, nós só podemos responder

---

* A Hora do Angelus, ou Toque das Ave-Marias, corresponde às 6, 12 ou 18 horas do dia. Lembra aos católicos, através de preces e orações, o momento da Anunciação. (N.T.)

por nossa fé vacilante, colocando em prática o que entendemos, como o fizeram os discípulos de Emaús.[2]

Deus age por sua Palavra: ele diz e assim é. "Sim, porque a palavra está muito perto de ti: está na tua boca e no teu coração, para que a ponhas em prática" (Dt 30,14).

Que palavra é essa, tão íntima de nossos corpos, se não o verbo feito carne, "o princípio, o primogênito entre os mortos" (Cl 1,18)? Ele se ergue em nossa vida como a aurora que vem dissipar as trevas de nossas noites espirituais.

A palavra traça uma rota no deserto do mundo, irriga os lugares áridos de nosso coração para nos fazer entender um grande segredo: Deus é amoroso com cada um de nós. Se ele parece se esconder de nossos sentidos, é para aprofundar em nós o desejo de sua mensagem.

Eis que virão dias
– oráculo do Senhor Yahweh –
em que enviarei fome à Terra,
não fome de pão, nem sede de água,
mas de ouvir a palavra de Yahweh
(Am 8,11).

Nosso coração experimenta essa fome de amor e compreendemos que "nem só de pão vive o homem, mas de toda palavra que sai da boca de Deus" (Mt 4,4).

Essa fome de amor se vê também no casal. Por exemplo, mesmo se a esposa não sente o amor de seu marido, isso não quer

---

[2] Para uma meditação convidada da Palavra de Deus, veja nossos comentários dos textos de domingo, *Notre coeur n'était-il pas brûlant?*, Parole et Silence/Bellarmin, 2007.

dizer que ele não a ama. Como a fé, o sentimento não é tudo, existe também a vontade de amar. A aridez que produz não lhe permite perceber nada durante um tempo, normalmente a intimidade e a cumplicidade mudam pouco a pouco. A idade, o cansaço, o tédio e a rotina são talvez a causa, mas que seria do amor se ele não fosse posto à prova de tempos em tempos? Continuar amando apesar de tudo, deixando de lado o ordinário de nossas vidas, isso é extraordinário.

Quando não percebemos nada além de desolação em nós mesmos e ao nosso redor, basta meditar sobre um simples verso de um Salmo para que ele se torne nossa tábua de salvação na jornada: "pois a fonte da vida está em ti e com tua luz nós vemos a luz" (Sl 36[35],10).

Lendo os Salmos, por exemplo, na Liturgia das Horas, nós só podemos adorar a Deus, sem compreender seu silêncio. Portanto, pressentimos que Deus se oculta por amor e respeito diante de nossa liberdade. "Senhor, não nos deixe jamais esquecer que tu falas também quando te escondes", dizia Kierkegaard.*

Repetir o nome de Jesus

O poder do nome de Jesus é uma ajuda preciosa para atravessar a provação da aridez espiritual. Ele acalma o espírito, conduz ao silêncio, abre ao mistério da presença divina. Ajuda a nos

---

* Søren Aabye Kierkegaard (Copenhague, 5 de maio de 1813 – 11 de novembro de 1855). Filósofo e teólogo cristão, dinamarquês, considerado o "pai do existencialismo" e autor de *Temor e tremor*, *O desespero humano*, *In vino veritas*, entre outras obras. (N.T.)

concentrar, a nos recolher, a ter um contato direto com aquele que é tudo para nós. Pode ser também uma evocação: "Vem, Senhor Jesus", ou uma pequena frase, como as que encontramos nos Evangelhos ou no livro *Relatos de um peregrino russo*: "Senhor Jesus, Filho do Deus vivo, tende piedade deste pecador".

O nome de Jesus é alimento e proteção. Ele salva, cura e liberta. De vez em quando faço uma experiência. Fecho os olhos e mergulho em meu coração, então o nome bendito emerge espontaneamente: "Jesus, Jesus, Jesus"... Eu estou lá, atento a esse nome, que repito sem esforço, algumas vezes seguindo o ritmo da respiração. Pronuncio com fé, no segredo da alma, e encontro consolo e doçura, apesar das distrações e da aridez. Quanto mais eu repito, mais me aprofundo em Deus, oceano de amor onde me perco, mesmo se sua luz submerge na sombra. Por vezes, adormeço murmurando internamente, porém é raro que o faça ao acordar. Esse "nome acima de todos os nomes" (Fl 2,9) apodera-se de mim mais do que eu dele. Espero que seja minha última palavra no dia de minha passagem.

> Sim, Senhor, na vereda dos teus julgamentos
> pomos a nossa esperança;
> o teu nome e a lembrança de ti
> resumem todo o desejo da nossa alma.
> Minha alma suspira por ti de noite,
> sim, no meu íntimo meu espírito te busca,
> pois quando teus julgamentos se manifestam na terra,
> os habitantes do mundo aprendem a justiça
> (Is 26,8-10).

Ter o espírito no inferno sem desesperar

O cristão que encontra Deus na fé recebe o início das graças de consolação. Porém, um dia o Senhor o visita, retirando seus consolos para melhor purificá-lo. Ele se sente como no inferno. Foi o que aconteceu ao *staretz* Silouane,* monge russo do monte Athos (1886-1938), um dos maiores santos ortodoxos do século XX. Depois de graças excepcionais, ele se sente abandonado por Deus, e, como Adão, expulso do Paraíso, sua alma penetra nas trevas. A aridez o ajuda a lutar contra a origem de todos os males: o orgulho. Ele se apega à fé no amor de Deus, mesmo sem experimentar o encantamento. É quando ele pergunta ao Senhor o que deve fazer para que sua alma se torne humilde. Então ouve esta mensagem de Cristo: "Guarda teu espírito no inferno e não se desespere". Com o poder dessa mensagem de salvação, ele encontra a resposta e a paz.

Essa mensagem também pode nos consolar, pois mesmo que nossa vida assemelhe-se às vezes a um campo de batalha, quer estejamos na aposentadoria ou não, é preciso nunca se desesperar da misericórdia do Senhor. O tempo de Deus não é o nosso; seus caminhos não são os nossos. Ele nos mergulha no vazio e na aridez para nos mostrar o que é falso e suspeito: o egoísmo, o orgulho, a agressividade, a dependência e o ciúme. Segue-se uma tomada de consciência de nossa finitude e a grande dor de se saber indigno do amor divino. A pessoa vive como no inferno,

---

* *Staretz* é um termo eslavo que designa a autoridade espiritual dos mosteiros da igreja cristã ortodoxa. (N.T.)

"enferma",* descobrindo sentimentos que não quer ver ou admitir. Portanto, Deus a ilumina amando-a assim.

O significado da palavra "inferno" designa principalmente esse estado espiritual em que estamos separados de Deus devido a nossos pecados. Mas é justamente nossa miséria que ocasiona a misericórdia divina. A secura espiritual parece esse inferno onde o fogo da graça purifica nossa alma do orgulho e do egoísmo. Ela é essa crença salutar que nos conduz à manhã da Páscoa e ao Reino da vida eterna. Silouane nos diz que nós a alcançamos através das lágrimas, da humildade, da compaixão e da esperança.

Manter-se tranquilo e vigilante

Desde que Santa Margarida Maria de Alacoque (1647-1690) entra na Ordem da Visitação de Santa Maria, em Paray-le-Monial (França), sua primeira preocupação é pedir à mestra das noviças que lhe ensine como fazer suas orações. A mestra lhe responde: "Coloque-se diante do Nosso Senhor presente no tabernáculo e lhe diga que quer estar diante dele como uma tela à espera de um pintor". Em outras palavras, mantenha-se tranquilo, sabendo que sempre acontece algo nas orações, mesmo que não percebamos nada, porque não é preciso confundir o sentimento da fé com a própria fé.

Toda vida espiritual é um combate. Nós temos que vencer a lentidão, a preguiça, o tédio e o mal. Temos que lutar contra a

---

* No original em francês, o autor faz um trocadilho entre *en enfer*, "no inferno", e *enfermée*, que significa "fechado; mofado". (N.T.)

impressão vaga de que perdemos nosso tempo com as orações, de que não sabemos o que dizer e o que fazer quando as distrações nos perseguem. Temos que combater essa tentação de achar que não acontece nada quando rezamos, que Deus não ouve nossas preces e não nos satisfaz.[3] Rezar é também permanecer na ausência de uma presença e aceitar se aborrecer, sabendo que Deus se encanta de nos ver assim.

O místico alemão Tauler descreveu a provação da aridez espiritual como uma chance de crescer e de renascer espiritualmente. Segundo ele, de nada adianta fugir de si mesmo, agarrar-se a falsas seguranças e agir em todas as direções. A palavra de ordem é: manter-se tranquilo e vigilante. Para Tauler, isso quer dizer estar presente em si para estar também em Deus.

> Mantenha-se presente para si mesmo e não fuja, sofra até a exaustão e não busque outra coisa! Não seja como essas pessoas que procuram sempre a novidade para escapar da tormenta e da pobreza interior em que se encontram. Ou ainda as que vão gemer e interrogar os mestres, o que as faz se perderem ainda mais. Mantenha seu estado sem hesitação; depois das trevas virá a claridade do dia, o sol em todo seu brilho [...]

> Confie em mim, nenhuma tormenta é criada no homem sem que Deus tenha, de fato, a intenção de realizar um novo nascimento nele. E saiba: tudo o que cria tormenta ou pressão, tudo o que acalma ou alivia, tudo se torna criação em ti. E depois se produz o nascimento do que quer que ele seja, Deus ou criatura (Anselm Grün, *La crise du milieu de la vie*, Médiaspaul, 1998, pp. 38 e 43).

---

[3] Para demonstrar como persistir na oração, examino dez dificuldades comuns em *Du temps pour prière*, Presses de la Renaissance, em coedição com Novalis, 2007, pp. 29-43.

Nascer para si é nascer para Deus. O melhor meio de alcançá--lo é fazer as coisas como antes da provação da aridez: continuar a amar e a rezar, ler a Bíblia e servir aos outros, recolher-se em um mosteiro ou participar de um retiro paroquial, não abandonar a comunidade e encontrar outras pessoas que creem... Às vezes o acompanhamento de um amigo ou de um padre pode ser um apoio importante. Nada melhor que um ombro amigo para alimentar o fogo do coração. Há também as biografias dos santos, cuja vida e escritos são oásis em nossos desertos sem estrelas.

Tomar os caminhos da santidade

Os santos são os amigos que nos podem guiar nas sendas sinuosas da aridez espiritual. Eles venceram desertos e noites que lembram as nossas, partilharam o mesmo combate e as mesmas esperanças que nós. Suas vidas são minievangelhos que libertam nosso desejo de amar. Seus escritos e sua "ciência do amor" clareiam nossa fé e iluminam a amizade ardente que tinham por Cristo.[4]

Em sua carta apostólica *Novo millennio ineunte*, João Paulo II evoca a teologia vencedora dos santos como ajuda séria para contemplar a face de Cristo e aprofundar o mistério da fé, que se vive com frequência sobre a cruz:

---

[4] Ver *Les saints, ces fous admirables* (Novalis/Béatitudes, 2005), em que apresento grandes testemunhos do cristianismo, e *Tous appelés à la sainteté* (Novalis/Parole et Silence, 2008), obra na qual mostro que a santidade não é destinada a uma elite, mas um dever de todos.

Eles nos oferecem indicações preciosas que permitem acolher mais facilmente a intuição da fé, e isso em função de luzes particulares que alguns receberam do Espírito Santo, ou mesmo através da experiência que eles fizeram desses estados terríveis de provação que a tradição mística chama de "noite escura". Com frequência, os santos viveram algo semelhante à experiência de Jesus na cruz, em uma mistura paradoxal de beatitude e dor (n. 27).

É apenas através do Espírito Santo que podemos compreender essa linguagem da cruz, em que Deus se faz fraco, desarmado, impotente, à nossa mercê. Com efeito, "o homem que só tem suas forças de homem não pode apoderar-se do que vem do Espírito de Deus; para ele, não é mais que loucura, e ele não pode compreender, pois é pelo Espírito que se julga" (1Cor 2,14). Não nos abala que "o que há de louco no mundo é o que Deus escolheu para cobrir de confusão os sábios; o que há de falho no mundo é o que Deus escolheu para cobrir de confusão o que é forte" (1Cor 1,27).

Quer tenhamos chegado aos sessenta anos ou não, somos todos chamados à santidade, quer dizer, a acolher o outro e o amor de Deus. A aridez espiritual é um combustível do desejo de Deus e um caminho de santidade, pois nos torna pequenos, pobres e humildes diante de Deus. Ele nos seca para nos encher de seu Espírito Santo, na medida de nossa abertura a sua graça, um passo para a fé.

Santidade não quer dizer aqui canonização, heroísmo, equilíbrio psicológico, perfeição moral, mas descoberta de uma vida interior, aceitação da obscuridade da fé, presente na oração, aceitação das feridas e abandono à misericórdia divina. É assim que uma pessoa comum se torna santa e que "os últimos serão os primeiros" (Mt 19,30).

Eu me mantenho diante de ti,
sentado em um banquinho,
a cabeça ligeiramente inclinada,
os olhos fechados,
o coração aberto,
sem tropeçar,
na ausência árida
rumo ao reino interior.

Sei que tu me amas, Senhor,
mesmo que eu não
sinta tua presença.
Deixo-me afundar
no vazio do ser,
como teu Filho bem-amado,
despojado de mim mesmo,
para repousar apenas
em teu silêncio.

A vida se instala,
não espero nada além desse
nada denso,
apenas ficar ali,
com toda a gratidão,
ferida do tempo,
sal da terra,
luz do mundo,
apesar das distrações.

Tu me atravessas
com teu espírito
como um vitral
sob a derme do visível.

Minha pele respira teu nome,
Jesus,
nada sei além de teu nome
quando tudo se cala
na extrema nudez
da hora que passa,
desta vida à outra,
um limiar invisível,
a comunhão dos santos.

Abro as Escrituras
para lançar o coração,
meu olhar perscrutador
coloca-se sobre tua cruz,
esse corpo de palavras de amor,
a mais bela mensagem jamais dita.

(Jacques Gauthier,
Prières de toutes les saisons,
op. cit., pp. 151-152).

As idades da vida

"Ponto de virada:
Honremos as idades em suas decadências
e o tempo em sua voracidade."
(Victor Segalen, *Stèles*)

Nascemos como podemos, depois cada um faz seu melhor, sozinho ou a dois. Nosso primeiro dever não consiste em não desperdiçar essa chance que temos de viver? No início, alguém nos leva pela mão, nos ensina a andar e nos leva à escola. Depois, fazemos rapidamente nosso caminho como crianças, pulando, brincando, correndo, como se quiséssemos reter o tempo.

Mas para as crianças o que interessa é apenas fazer o caminho.

Ir e vir e saltar. Usar o caminho com suas pernas.
Sempre querer mais. E sentir crescer suas pernas.
Eles bebem o caminho. Eles têm sede do caminho.
Eles querem sempre mais.
(Charles Péguy, *Le porche du mystère de la deuxième vertu*, Gallimard, 1986, p. 133)

Adolescentes, deixamos os caminhos da infância para nos arriscar em outras trilhas, que se abrem sobre novos horizontes. Chegamos a encruzilhadas desconhecidas, fazemos escolhas de vida, tomamos o caminho de passagem, entramos na idade adulta, às vezes em um pé só.

O tempo segue conforme o tique-taque do relógio, retomamos nosso fôlego a cada década. Freamos no meio de nossa vida. Às vezes precisamos de ar, exauridos pelo ritmo frenético de nossa sociedade, regida por desempenho e vigor. Depois chega a época da aposentadoria. Podemos ficar acordados até tarde, no dia seguinte dormimos um pouco mais. Depois da primavera e do verão, vemo-nos rendidos no outono da vida. O grande inverno se aproxima e nos surpreendemos sonhando com o jardim da infância.

Eis aqui uma breve síntese dessas fases que constituem o conjunto da vida. Com o risco de idealizar ou generalizar, quero mostrar neste capítulo principalmente uma integração bem-sucedida das forças psicológicas e espirituais inerentes a cada período da vida, sobretudo na idade adulta. Sei que os percursos são diferentes para cada um e que a travessia não é a mesma para todos. Existem naufrágios, óbvio, mas há também ilhas onde descansar antes de partir.

A infância e a consciência do amor

A vida não é fragmentada, ela é palpável em cada etapa, no início como no fim. Ela dá um aspecto a cada década que não existe a não ser em função do todo. Assim, o jovem traz em si sua infância e adolescência, o sexagenário prolonga a experiência e a realização de sua juventude, o velho colhe os frutos de seu passado. E a morte está presente desde o começo, assim como reencontramos a infância no final.

Mas a infância não é apenas o ponto de partida de uma vida, ela está no germe que desabrocha; acompanha-nos em todas as idades. É a experiência marcante de nossa vida que nutre nossos sonhos e configura nossa identidade. Um estado infantil esconde-se em nós e conjuga-se no presente para entrar em concordância com o envelhecimento e a morte. Gaston Bachelard, um fenômeno da imaginação poética e grande amigo de poetas, ilustrou bem esse núcleo da infância sempre vivo no fundo da alma e que lhe dá sua dimensão universal e permanente.

> Em nós, uma criança vem por vezes velar nosso sono. Mas, na própria vida desperta, quando o devaneio trabalha em nossa história, a infância que está em nós traz seus benefícios. É preciso viver, às vezes é muito bom viver com a criança que fomos. Recebemos uma consciência da raiz. Toda a árvore do ser se reconforta. Os poetas nos ajudam a reencontrar em nós essa infância viva, essa infância permanente, durável, imóvel (Gaston Bachelard, *Poétique de la rêverie*, PUF, 1984, pp. 18-19 [Ed. bras.: *A poética do devaneio*, 3. ed., São Paulo, Martins Fontes, 2009]).

A criança nasce e já precisa tomar fôlego. Ela deixa o calor do seio materno para absorver o amor que a cerca como um alimento essencial a seu desenvolvimento. Espera tudo da mãe e do pai para viver. Deverá deixar o relacionamento de fusão com sua mãe para enfrentar o mundo. Se ela está rodeada de amor, apesar da falta de jeito e das imperfeições dos familiares, a travessia se anunciará mais confortável. Se não se sente amada, será mais difícil, pois fomos feitos para amar e sermos amados.

Nossa infância, ainda que sem igual, liga-se a uma infância mais universal. Ela tem mil estações e aquarelas de cores nunca vistas. Época de aprendizagem em casa e na escola, a infância permanece em nós como o ponto de partida, o princípio da vida por excelência. Está fixada na imagem que traz a primeira palavra, o primeiro olhar, a primeira lembrança da "eterna infância de Deus", diria Claudel, a que não envelhece, que se escreve com a tinta de nossos desejos e que é a origem de nossa vocação de homem e mulher.

Para os cristãos

A Bíblia nos revela que "Deus é amor" (1Jo 4,8). Ele criou o ser humano à sua imagem e semelhança, quer dizer, por amor e no amor. O sopro recebido no nascimento é depositado em uma consciência feita para amar.

A consciência do amor dos pequenos é compreendida melhor por analogia com a experiência mística que é vista, sobretudo por São João da Cruz, como um toque de pessoa para pessoa, um contato amoroso, uma união a Deus na noite da fé. O padre dominicano Thomas Philippe, capelão da Arca de Jean Vanier,* mostrou que as crianças possuem uma consciência do amor que se enraíza na vida da graça divina. Essa consciência do amor é uma fonte substancial da unidade que está presente na pessoa em cada fase de sua vida.

---

* A Arca é uma associação de vida comunitária com pessoas com deficiência intelectual, especialmente as mais pobres e abandonadas. Surgiu em 1964, na França, quando o filósofo canadense Jean Vanier e o padre Thomas Philippe acolheram dois homens com deficiência intelectual que viviam num hospital psiquiátrico. A Arca cresceu em tradições culturais e religiosas diferentes e hoje há mais de 100 comunidades em vários países, inclusive no Brasil. (N.E.)

A criança pequena que é amada torna-se essencialmente um ser de confiança e fé, capaz de amar em todas as etapas de sua vida. Mesmo se sua mãe é tudo para ela, a criança percebe bem rápido que ela não é Deus. Se a mãe chora a seu lado, a criança perceberá outra presença que pode ser também satisfatória.

É surpreendente ver como muitas crianças dessa idade gostam de ficar em silêncio diante do brilho de uma vela, da luz de um ícone ou de uma cruz. Elas têm uma grande capacidade contemplativa que decorre de seu pensamento intuitivo e senso de encantamento. Se os pequenos ouvem seus pais recitando frequentemente orações como o Pai-Nosso e Ave-Maria, terão o coração impregnado das orações e elas poderão acompanhá-los nas diferentes fases de sua vida.[1]

A espiritualidade já existe nas crianças. Ela pode não ser a expressão de uma fé religiosa explícita, mas essa espiritualidade emerge do próprio modo de ser dos pequenos sensíveis à fé, relacional e existencial. Como descobrir essa espiritualidade que se abre à transcendência, até a contemplação? Prestando atenção às palavras e gestos das crianças. Foi o que fez uma observadora com sessenta crianças de três a seis anos inscritas em três escolas de educação infantil. Ela reconheceu a ação do Espírito atuando no coração dessas crianças em seu relacionamento: "A aposta dessa pesquisa consiste em crer que o espiritual pode ser descoberto no cotidiano das crianças" (Élaine Champagne, *Reconnaître la spiritualité de tout-petits*, Montréal e Bruxelas, Novalis e Lumen Vitae, 2005, p. 15).

A adolescência e a questão do sentido

Ninguém sabe em que idade ou em qual época a criança nos deixa. Que importam nossas roupas tão pequenas para nos cobrir diante de um fogo que quer invadir tudo? Como reconhecer essa

---

[1] Tratei dessa questão do despertar religioso da criança em *Prier en couple et en famille*, Presses de la Renaissance, 2008.

criança que fomos? O que responder a esse apelo obscuro da vida que abala tudo? A adolescência: desejo de autonomia, necessidade de autoafirmação, busca de identidade, pulsão do instinto sexual, apelo da liberdade, sem ter ainda verdadeiras responsabilidades para gerenciar.

Ele vai, eu não sei aonde: é ele que guia,
E ele quer se deixar guiar como uma criança.
Ele trilha seu caminho rumo ao coração da primavera.
(Patrice de La Tour du Pin, *Une somme de poésie* 1, op. cit., 1983, p. 84)

A adolescência tem suscitado um interesse crescente nas últimas décadas. Essa fase emerge verdadeiramente tanto quanto na virada do século XX com a sociedade industrial. A passagem à idade adulta é atrasada pelo acesso aos estudos e por uma entrada tardia na vida ativa. Nós assistimos, depois da Segunda Guerra Mundial, ao nascimento de uma categoria social à parte. Os jovens tornam-se mais e mais numerosos – em razão do *baby boom* – e mais importantes devido ao poder de compra. Os adolescentes são um objeto de desejo para o sistema capitalista e a sociedade torna-se mais e mais "adolescêntrica", buscando o prazer a todo preço, o parecer em detrimento do ser, o sexo sem entraves e o culto do corpo. Um slogan de maio de 1968 resume bem o ambiente: "É proibido proibir".

A adolescência distingue-se pela puberdade. Os jovens tornam-se homens ou mulheres e as modificações hormonais e físicas decorrentes podem iniciar uma fase de desconforto com a identidade. A sexualidade ocupa muito espaço e o adolescente começa a se definir por seus próprios valores, seus desejos, seus sonhos e sua maneira de ver a vida. Aprende, explora. Ao contrário da relativa calma da infância, vive uma insegurança que o coloca em conflito. Ele se define em um grupo, confrontando-se com seu meio. Mantém distância de seus pais para se autoestruturar. Procura modelos criativos, aventureiros e livres. Mesmo quando sente necessidade de se isolar e, às vezes, contestar os modelos que lhe são propostos, retorna sempre ao grupo, pois não quer ser rejeitado pelos outros.

O jovem deseja a totalidade da experiência, sobretudo a experiência do amor. É na medida em que aprende a amar, ou seja, a trocar e a doar, que se constitui como pessoa. Ele se encontra desde que haja uma ocasião para se doar a alguma coisa que o ultrapasse: uma causa, um sonho, um desejo, um amigo, uma amiga, Deus. O tempo gasto buscando esse algo "maior" nunca é tempo perdido.

A sociedade torna-se pouco a pouco mais individualista, tecnológica e consumista; para os adolescentes, é grande a tentação de consumir mais com "conforto e indiferença". Mas o adolescente é feito para desejar, para tocar a beleza, partir em busca da "estrela inacessível", como canta Jacques Brel, fascinado pela infância, e que terminou sua vida na doçura de uma ilha, "clara como uma manhã de Páscoa".

Na conjuntura econômica e social dos dias de hoje, a passagem da adolescência à vida adulta acontece depois, na metade dos vinte anos ou com frequência um pouco mais tarde, aos trinta. Nota-se que os jovens demoram a deixar seu mundo fantasioso e idealista, escolher uma carreira e se casar. Muitas vezes presos às telas dos computadores e dos video games, não estão apressados em deixar a dependência da família para assumir sua autonomia e entrar no mundo realista dos adultos. Diante de situações que ocasionam conflitos, os pais não sabem como reagir.

Nem sempre é agradável sentar-se à mesma mesa com nossos grandes adolescentes, que se esforçam para se conhecer e se escondem em um mutismo que muda ao capricho de seus humores e hormônios. Num dia estão eufóricos; no dia seguinte, tristes. Porém, esse contato entre as gerações estimula as mudanças. Nós temos a tarefa de lhes transmitir razões para crer e ter esperança na vida, de lhes propor um avanço para construir o futuro, sem lhes sufocar ou desencorajar.

Chega rápido e por si só o tempo em que eles se assumem amando e trabalhando. É a hora de se engajar profissionalmente, fora do ninho familiar, fundando sua própria família, assumindo sua parte das responsabilidades na sociedade. É assim que, após uma longa aprendizagem de inserção social, criam progressivamente raízes em si mesmos e adquirem certa independência.

Os trinta anos e o acolhimento da vida

O indivíduo experimenta criar para si um lugar na sociedade. Ele pôde estudar muitos anos, encontrou um emprego, casou-se ou vive em uma união de fato, tem um filho ou deseja tê-lo. Precisa quitar suas dívidas com o crédito estudantil, encontrar uma moradia conveniente, provar seu valor no trabalho e conformar-se ao que é esperado dele. Não dispõe de tempo nem de forças. A falta de ar lhe espreita.

Esse período é atravessado dos 25 aos 35 anos. O jovem adulto começa a medir a distância entre seus sonhos e a realidade, seus desejos e as obrigações da vida. Toma consciência do caminho já percorrido e de que está só para poder assumir, sem questionar muito, certas responsabilidades, como seu trabalho e seu casamento. Deseja recuperar mais tempo para si mesmo, ser mais livre, menos angustiado. Ocasionalmente se coloca uma questão que antecipa a crise dos quarenta: "O que eu faço hoje é o que eu quero fazer durante o resto da minha vida?".

Aos trinta, às vezes percebe-se uma insatisfação, consequência de um desejo obscuro que não é completamente saciado. Uma parte do ser foi deixada de lado, devido às regras socioculturais, econômicas e familiares. Essa parte escondida como um tesouro quer agora se deixar descobrir. Ela age com o objetivo de nascer para si mesma, não para o que os outros esperam. As relações com o chefe e os colegas de trabalho, o cônjuge e os filhos modificam-se. O respeito a sua pessoa torna-se vital, a gratuidade na intimidade, mais importante. A pessoa de trinta anos dá sentido a suas realizações, mas constata que suas decisões nem sempre estão em conformidade com seus pontos de referência e seus valores.

Por volta dos 35 anos, o adulto percebe com mais acuidade que o tempo é limitado. Ele não pode fazer tudo. Conhece melhor suas aptidões, mas se pergunta quais são as prioridades agora. "Será que posso receber essa promoção anunciada há um mês?" "Será que posso mudar de profissão?" "Devo ter outro filho?" "Como estar disponível para as crianças e investir na carreira?" "Será que vale a pena fazer todo esse esforço?" "Como assumir o resto da minha vida?"

A tentação de correr o tempo todo sem parar é grande. O homem ou a mulher não desejam mais que a realização pessoal na profissão, uma carreira, colocando isso acima do que realmente são. Procuram-se e experimentam uma grande solidão. Se fugirem, ela os alcança alguns anos mais tarde. Terão de encontrar diferentes meios para satisfazer sua vida e enfrentar o tédio, trabalhando sempre mais ou se esquivando das responsabilidades conjugais e familiares; estarão em uma encruzilhada onde devem escolher o caminho a seguir.

Quando os quarenta anos se aproximam, o adulto é levado a reexaminar as razões que o levam a crer, esperar e amar. Caso tenha uma religião, deve se reapropriar de sua fé, abrindo-se ao desejo profundo e vivendo em comunhão com os outros. Tomando o caminho da interioridade, perscruta o sentido profundo de suas responsabilidades na vida.

Com essa idade, o homem quer dar-se tempo para aprofundar o desejo de amar, mesmo quando o trabalho ocupa todo seu tempo. A mulher revê suas escolhas relativas à carreira e à maternidade. Os dois sentem a necessidade de serem independentes por mais tempo. O desafio é acolher a vida que surge neles. Eles têm que se ajustar a um novo imperativo que os coloca rumo ao horizonte desconhecido, ao interior deles mesmos. Isso os conduz à reviravolta mais marcante de suas existências, o centro de sua vida.

Os quarenta e a crise do desejo

Derivada do termo grego *krisis* (decisão, julgamento), a palavra "crise" é usada em um contexto evolutivo de crescimento. A crise torna-se assim uma ocasião de cultivar, apesar dos desequilíbrios e do medo. É preciso aceitar a crise como uma oportunidade, não como um fracasso. Os quarenta anos exprimem esse desafio de crescimento. Os sintomas não enganam: dúvida, falta de confiança, períodos de depressão, ausência de prazer em executar o que se fazia habitualmente, indiferença diante da vida, ambivalência, necessidade de aventura e de transformação, dificuldade de saber o que se quer, tédio, consciência da morte, grande necessidade de interiorização e noite da fé para os religiosos. Esses sinais indicam que as coisas estão mudando.

Nem todos são afetados da mesma maneira, experimentando crises de desejo e permanência. Para alguns, a passagem é gradual; para outros, é imediata. Por outro lado, todos podem vivê-la como um crescimento psicológico e espiritual. É época de fazer os primeiros balanços e de recolocar em questão o papel de cada um diante da exigência de conhecimento de si mesmo. A inquietude e a insatisfação exigem um retorno ao que transforma interiormente a pessoa. Do ponto de vista da fé, é o próprio Deus que cria e que muda para sacudir o coração humano, livrá-lo de suas ilusões e abri-lo para um novo encontro com seu mistério. Os quarenta transformam-se então em um caminho de renascimento.

Na metade da vida, as certezas se desagregam, as emoções se misturam, as questões se multiplicam. É tempo de centralizar sua vida em função do desejo profundo que corresponde ao impulso vital do ser. Aprofundar esse desejo que faz viver é atingir o máximo de si mesmo, subir sempre mais alto, ultrapassar-se descentrando-se de si mesmo para se voltar aos outros e amar. O desejo, ao contrário das necessidades repetitivas, é do domínio da comunicação, da relação, do amor e da espiritualidade em nós. De novo é preciso nomeá-lo, abri-lo à vontade de Deus sobre si mesmo. A crise dos quarenta é a ocasião ideal, pois ela convida à mudança e à interiorização. Partimos para a conquista de aspectos negligenciados da personalidade.

O limiar dos quarenta anos é hoje um momento crítico na existência humana. Até esse momento, o caminho de muitos homens e mulheres foi cheio de esforços e realizações. No instante em que eles se alegram de ter "chegado", eis que surge um impedimento inesperado: é preciso se reciclar, se reorientar ou mesmo mudar de profissão; é preciso tornar-se mais competitivo, pois amarga é a luta econômica, perigosa em muitas situações. É preciso questionar-se... Uma vez que a crise é superada, os mais corajosos – ou mais afortunados – alcançam o que Beirnaert chama de *serenidade dinâmica*: estado calmo, mas não "chato", de saúde humana. Eles seguem seus caminhos, possíveis porque realistas. Entram na velhice com uma segurança contagiosa para os próximos (Père Amédée, Dominique Megglé, *Le moine et le psychiatre*, Bayard Éditions/Centurion, 1995, pp. 24-25).

Cada um é convidado a atravessar as necessidades repetitivas do seu eu narcísico (ter e poder) rumo ao desejo que satisfaz o eu profundo (ser e amor). As questões favorecem a descoberta do desejo profundo, lugar da sede e da mensagem. Elas criam sentido, colocam no caminho, tocam o passado, o presente e o futuro, seu lugar no mundo: em que direção vai minha vida? Terei errado em minhas escolhas? Por que me sinto tão cansado? O que quero? Quem sou eu realmente? O que realizei de importante? O que me interessa mais? Como será o futuro? Por que morrer? O que me faz viver?

Essas interrogações inundam as realidades física e psicológica para restituir a dimensão espiritual de nosso ser. Revelam uma crise existencial que coloca a questão do sentido da vida e do futuro, da integração dos limites e do chamado a viver conforme seus desejos profundos.

Sugiro dez atitudes para encontrar esse desejo que faz viver e que nos acompanha até os cinquenta e os sessenta anos: reconhecer a insatisfação, escutar seus questionamentos, encontrar um sentido para a vida, converter as necessidades em desejos, passar da superfície à profundidade, admitir seus medos, assumir o risco de amar, escrever sua declaração de missão pessoal, integrar o lado mal-amado de si e aceitar a vontade de Deus.

Os cinquenta e a força de um segundo fôlego

O adulto de 45 a cinquenta e 55 anos está geralmente em uma etapa que será a mais produtiva de sua existência. Depois do deserto e da noite na metade de sua vida, ele por vezes descobre um oásis de grande serenidade e a aurora de um novo dia. Bem integrada, a aprendizagem dos quarenta lhe permite aceitar seus limites, assumir sua originalidade e redescobrir seu desejo. Abandona progressivamente as expectativas desproporcionais sobre os outros, relativizando o que vem do exterior e do imediatismo da experiência. Agora pode saber o que é melhor para seu crescimento pessoal e o daqueles que o cercam. Inicia os anos frutíferos com a segurança de um segundo fôlego e o sentimento de uma maior liberdade de ação. Esse é o ideal, eu sei, mas todos são chamados a essa liberdade.

O quinquagenário, na plena força da idade, percebe melhor o que quer e o que não quer. Conhece seus talentos e quer colocá-los a serviço da sociedade. O tempo segue sempre, mas não é tão opressor quanto antes. O adulto reconhece as contribuições dos outros sem se comparar a eles. Não precisa provar mais nada a ninguém, mas quer deixar uma espécie de legado que possa partilhar. Não quer mais guardar para si os frutos de suas experiências. A solidão lhe ensinou a se libertar de seus papéis sociais e a se situar no interior de seu ser. Ele pode se apoiar no passado para se colocar disponível para os outros, sobretudo os mais jovens, e ajudá-los a construir o futuro agora. Aumenta sua influência em querer servir, e não por estar servindo, desapegando-se de seus interesses para levar em conta a história dos outros.

Os cinquenta anos oferecem então a oportunidade de um novo início. A pessoa sente-se mais autêntica, criativa, fértil, o que o psicanalista Erikson* chamou de "generatividade". Reinterpreta a vida reinventando-a de acordo com suas forças e seu ideal de amor. A mulher cultiva mais seus talentos, exprime suas ambições, aprofunda suas convicções. O homem compreende finalmente que o trabalho não é tudo na vida e pode sentir mais que antes a necessidade de se ocupar dos seus entes queridos, de dedicar mais

---

* Erik Homburger Erikson (1902-1994), psiquiatra alemão naturalizado norte-americano, desenvolveu a Teoria do Desenvolvimento Psicossocial na Psicologia. (N.T.)

tempo aos filhos, aceitando-os mais facilmente como são, apesar das possíveis incompreensões do passado. Eles já foram educados e um novo equilíbrio pode se estabelecer. A comunicação entre os cônjuges torna-se também mais simples e mais íntima, pois cada um conhece o bem do outro, na medida em que os perdões tenham sido concedidos no passado, o que nem sempre é o caso. O caminho é longo para nos abrirmos ao que a vida nos traz. Esse é o preço da paz interior.

Aos cinquenta anos, observamos com mais frequência o obituário do jornal. Os avisos de falecimento de pessoas que conhecemos nos dizem que a vida tem um fim; não podemos realizar tudo que gostaríamos. Mas como o cinquentenário situa cada pessoa em sua fase da vida e em sua unidade, é mais fácil deixar partir as pessoas queridas. Diante da morte de seus pais, por exemplo, é capaz de interiorizar os frutos da relação estabelecida com eles. Essa interiorização os torna presentes de outra forma e permite-lhe viver o luto com mais tranquilidade, pois situa o sentido da morte no conjunto normal da vida.

O adulto de idade madura aprecia o que realizou e reconhece seus erros. Percebe as grandes passagens de sua vida como passos a mais rumo a um maior crescimento e maturidade. Encontra no interior de si mesmo a força para continuar, mesmo reconhecendo sua vulnerabilidade. Inquieta-se menos por não ter controle das situações, por ser incapaz de contornar os fracassos de uma relação, em casa ou no trabalho. Se ele tem uma religião, entrega-se com confiança à misericórdia do Deus do amor. Obtém alegria transmitindo algo que pode ajudar os outros a crescerem.

Encaminha-se assim para os sessenta com humildade e verdade, não tentando controlar tudo, aceitando ser ele mesmo, reconhecendo seu lado obscuro: impaciência, agressividade e ciúme.

> Quando nos aproximamos do fim dos cinquenta, não temos mais nada para proteger e não temos mais medo de nos mostrar em nossa fragilidade humana (André Daigneault, *La mémoire du coeur*, op. cit., p. 158).

Os sessenta e a via da interiorização

A descoberta de um segundo fôlego aos cinquenta e a partilha do que contribui para o crescimento preparam o adulto para reagir aos desafios dos sessenta anos. O grande desafio é principalmente seguir o caminho da imanência, a fim de detectar as expectativas e necessidades dos outros para melhor atendê-las. Essa escuta permite a ele ser fiel a suas prioridades.

Não são as regras que interessam ao sexagenário, mas o crescimento da pessoa. Se o trabalho torna-se obrigatório, ele afrouxa as regras para ajustá-las a seus objetivos. Como não tem mais a mesma resistência física, considera o que chamamos de "aposentadoria". Ele se enquadra para se organizar e encontra prazer em explorar novas possibilidades. Retira-se de uma função, não de uma contribuição pessoal à sociedade. Deixa às gerações seguintes a preocupação de continuar o trabalho agora que pode encarar novos desafios conforme suas prioridades.

Se o poder ligado a uma função ou a um trabalho é menor, isso não quer dizer que a influência do sexagenário se desfaz. Ao contrário, ele fundamenta suas ações em mais gratuidade e solicitude.

Se ajuda os outros, o faz em respeito à autonomia de cada um, sem nada esperar em retorno e sem querer dominar. É o poder do amor que o interessa cada vez mais, não o amor pelo poder.

O sexagenário que atravessou a crise dos quarenta sem evitá-la gerencia seu tempo em função da própria dignidade e da dos outros. Ele vai rumo ao que lhe parece prioritário: acolhimento dos filhos e netos, contato com diferentes indivíduos, intervenções junto aos desfavorecidos, diversos engajamentos segundo seu talento, preservação da sua saúde e realização de exercícios. Escolhe fazer existir o amor que o ultrapassa, não transmitir uma mensagem ou exercer um poder. Jesus permanece um grande modelo desse amor gratuito que existe sem máscaras e sem carapaça, porque humilde e vulnerável:

> O desejo de poder é um substituto do amor recalcado. O homem que não pode aproveitar o prazer maior, o de ser amado, compensa essa falta pelo exercício do poder. Esse último contém sempre um elemento de vingança: como não me amam, eu os controlo! (Helmut Jaschke, *Jésus le guérrisseur*, Brépols 1997, p. 54).

O adulto de idade avançada concede uma grande atenção a sua vida conjugal e familiar. Os cônjuges que vivem juntos há muitos anos aprendem a se conhecer, se aceitar e se respeitar. O desejo de harmonia e ternura cresce com seu amor. Isso se manifesta perto de seus filhos e netos. Eles exercem seu papel de pais e avós não como um encargo, mas como o prazer do acompanhamento. Não se detêm no mesmo tipo de relação com os filhos, que são mais autônomos, mas ficam disponíveis se eles precisarem. Seus netos lhes proporcionam uma grande alegria, ainda mais porque não têm as mesmas obrigações que tinham com suas proles.

Para os que creem

> Envelhecendo, o sexagenário apropria-se de um caminho de introspecção que o conduz a uma imanência sempre maior. Ele se identifica mais com seu eu profundo, ao que há de eterno em si, além do que pode compreender. Torna-se presente para si mesmo, para seu mistério pessoal e o de Deus. Procura um sentido para sua morte. O Deus a que ora não é exterior ao que vive, e sim parte integrante de sua vida. A fé que ele deseja emanar de seu interior é uma opção pessoal. Quanto mais alcança a profundidade de seu coração, mais se aproxima de Deus. É nessa vida concreta do cotidiano que Deus lhe toma para transformá-lo nele.
>
> A adesão dessa fé em si à fé em Deus é vivida em coerência com a percepção de sua carência de ser, independentemente de seu passado e seu futuro. A imanência confunde-se com o engajamento, além de todo ativismo. Sua própria existência passa a ser o espaço da busca espiritual e do amadurecimento da fé. Se ele se abandona a Deus com toda a confiança, é porque o próprio Deus se doa a ele a cada instante na nudez de seu ser. A pessoa busca Deus, que antes já o procurou e encontrou. O objeto dessa busca já o possui porque ele o procura ainda mais. Essa é a via da imanência cristã, exigente e verdadeira. O sexagenário faz de sua fé uma escalada que o ajuda a descer a seu coração, onde o espera "um não sei o quê" que ele arde para obter:
>
> Um coração verdadeiramente grande, generoso,
> Não se deixa deter.
> Se pode continuar, nada lhe importa,
> Por difícil que seja o caminho;
> Jamais ele diz: "Isso é demais".
> Sua fé se eleva, se eleva sempre,
> Porque ele é aquilo
> Que seu coração arde para obter.
>
> (São João da Cruz, *Oeuvres complètes*, Cerf, 1990, p. 209)

A velhice e a aproximação da morte

Cada idade tem sua graça, a velhice também. Quem é velho atualmente aos sessenta anos? Sobretudo se "os homens de sessenta anos, fora eu, me dão a impressão de que têm setenta", escreveu Tristan Bernard em *Les enfants paresseux* [Os filhos preguiçosos]. Não nos vemos envelhecer, é o olhar dos outros sobre nós que muda conforme envelhecemos. Reencontramos um amigo depois de vários anos e achamos que ele envelheceu, mas nós não.

Hoje em dia, a velhice começa depois dos setenta anos. O que nós chamamos de terceira idade tornou-se a quarta idade, esperando a quinta. As pessoas idosas desfrutam de melhor saúde do que antes e são mais ativas. Representam um nicho econômico interessante para o comércio e as empresas, mesmo se a sociedade prestigie principalmente os valores ligados à juventude.

A velhice é a idade dos balanços. Abrimos o álbum de fotos bebericando um café ou um chá. As lembranças, mais ou menos felizes, desfilam sob os olhos. Viramos as páginas e a memória se derrama cheia de emoção. Adoraríamos parar o tempo para reviver esses momentos de amor com nossos familiares, nossos irmãos e irmãs, nossos filhos e netos. Eis aqui nossa família, com sua importância e seus limites. É tempo de integrar nossa história, passado, presente e futuro, e de abri-la à morte que se aproxima, sem falsos pudores. É hora de esperança e perdão, apesar dos períodos de angústia inerentes à idade avançada, feitos de dúvida, tédio e solidão. Perdoar é renascer; recebê-lo é alegrar-se com o outro.

Com o avançar da idade, a morte torna-se preocupante. Existem pessoas que têm medo de morrer, mas se entediam de viver, pois não encontram mais sentido para a vida. Elas não sabem envelhecer e recusam-se a se deixar ajudar. Não imergem em seu coração para rezar e reencontrar o Deus do amor que as habita. Seu desespero espiritual é tal que não querem ser um fardo para os próximos: as tentativas de suicídio que afligem cada vez mais os idosos e que permanecem um assunto tabu são exemplos. Esse que deveria ser o tempo de certa serenidade torna-se o da desesperança.

A morte assume a face do corpo envelhecendo, de um estado de carência de saúde, de uma vida entediante e do medo de ficar dependente de alguém. Podemos deixá-la entrar e observá-la serenamente, ouvindo, por exemplo, o *Réquiem* de Fauré, lendo um bom livro, partilhando a vida com alguém que amamos, visitando os lugares da infância, rezando a um Deus que nos criou com muito amor, pois cada um é único a seus olhos. Estar lá, sem nada querer, sem precisar provar quem somos, porque o amor é a última palavra. Os netos são a prova disso, carregam todas as possibilidades do mundo com sua fragilidade.

Criar um ser, diga-me
Se isso não é um milagre?
A morte ascende rumo a ti,
O amor foi seu obstáculo.
(Henri Pichette, *Odes à chacun*, Gallimard, 1988, p. 34)

A velhice arrasta a nostalgia de sua infância, a canção do início de sua vida. Esse ar tem as notas do amor ou do ódio, conforme o caminho percorrido. Essa criança tem hoje as sobrancelhas brancas, as costas curvadas, o fôlego curto e os olhos abertos sobre um horizonte impreciso. Ela descobre a morte que age em seu corpo e a aprisiona contemplando a cruz em todo seu fulgor. Carrega sua morte como carrega uma criança, rumo a terras distantes e um pouco desertas, tranquila na paciência dos invernos.

> No fundo das criptas da chuva
> Na floresta, terra e céu agitados,
> Eu sei que tu ainda me esperas,
> Infância, longe de mim
> como o sangue na extremidade dos membros
> Forma redemoinhos na veia azulada.
> (Roland Bouhéret, *Invocations*, Besançon, Cêtre, 1984, p. 97)

Para os que creem, a velhice é tempo de esperar a Deus como um vigia aguarda a aurora e de aceitar que a tarefa de nossa vida permanece inacabada. Preparamo-nos para morrer, para viver a passagem, por vezes atravessar as longas provações do envelhecimento e das doenças. A fé nos diz que sobrevivemos à morte do corpo físico. Os poetas cantaram a morte como uma amiga aguardada. Para Félix Leclerc, a morte é grande e bela, "plena de vida por dentro". Para Léo Ferré, a morte é entrega, é "irmã do amor":

> A morte é entrega, ela sabe que o tempo
> Cotidianamente nos leva alguma coisa,
> O punhado de cabelo e a brancura dos dentes [...]
> A morte é o infinito em sua eternidade,
> Mas o que acontece com aqueles que vão a seu encontro?
> Como ganhamos a vida, é preciso merecer a morte?
> (*Ne chantez pas la mort*)

Vivemos várias pequenas mortes ao longo de nossa vida fragmentada em idades e etapas. Apesar das rupturas e das passagens, mantemos a infância que tivemos e a velhice que teremos. A existência da infância em nós é promessa de futuro. E para os que creem, revela o obscuro mistério da eterna infância de Deus no próprio jogo da vida e da morte.

> Nada é mais delicado do que retornar
> Como depois de longos anos de ausência.
> Retornar pelo caminho das recordações,
> Florido com os lírios da inocência
> Do jardim da infância.
>
> No jardim fechado, cerrado, no jardim mudo
> De onde escapam alegrias sinceras,
> Em nosso jardim mudo
> A dança do minueto
> Que antigamente guiava sob os galhos
> Nossas irmãs envolvidas em mantos brancos.
>
> Nas antigas tardes de abril, dando gritos alegres
> Entremeados de canções,
> Com versos jubilosos
> Elas passariam, com exaltação nos olhos,
> Sob o *frisson* das alcovas,
> Como nas canções pastoris.

Enquanto viriam, do fundo da vila,
Os acordes do antigo violão,
Da velha vila,
E que fariam adivinhar, lá
Perto de uma misteriosa persiana,
Algum músico.

Mas nada é mais amargo do que pensar também
Em tantas coisas arruinadas!
Ah! Pensar também,
Quando nos deparamos então
Com o cheiro das flores murchas
Em nossos jovens anos.
Quando nos sentimos neuróticos e velhos,
Ofendidos, maltratados e sem armas,
Morosos e velhos,
E que, afundando no esquecimento,
Se eterniza com seus encantos
Nossa juventude em lágrimas!

(Émile Nelligan,
Poésies complètes, Fides, 1967, p. 55)

A nossa irmã morte

> Nada nos envelhece como a morte daqueles
> que conhecemos desde a nossa infância.
> Eu sou hoje velho de mais um morto
> (Julien Green, *Journal*).

Cada ser humano é um pequeno universo onde se revive a história do mundo a partir de sua própria história: nascimento, infância, adolescência, idade madura e velhice. Cada um é um ser coletivo. Nossos genes, nossa linguagem e nossa consciência são o resultado de centenas de gerações. Somos produto de mil abraços, encontros e mensagens. Recapitulamos a humanidade que nos precedeu e preparamos a que nos segue.

Para os cristãos

A história de cada pessoa é sagrada, da concepção à morte. A cada idade da vida, revive-se a história de uma salvação que Cristo veio trazer através de sua morte e ressurreição. Os cristãos formam um só corpo em Cristo. O que um vive repercute sobre o outro. Essa solidariedade no corpo místico de Cristo é examinada por São Paulo em uma analogia com o corpo.

"Pois assim como num só corpo temos muitos membros, e os membros não têm todos a mesma função, de modo análogo nós somos muitos e formamos um só corpo em Cristo, sendo membros uns dos outros. Tendo, porém, dons diferentes, segundo a graça que nos foi dada, aquele que tem o dom da profecia, que o exerça segundo a proporção da nossa fé" (Rm 12,4-6).

Jesus não viveu a crise dos quarenta, o desafio dos sessenta e o declínio físico da velhice, mas ele vive essas etapas através de nós. Os que envelhecem assumem em seu corpo e seu espírito o envelhecimento do corpo místico de Cristo, continuando assim sua paixão. Ao contrário, Jesus conheceu a grande passagem da morte aos 33 anos. Entrou no Reino, nu e desarmado, como uma criança. Ele nos diz algo único sobre a morte e Deus em sua qualidade de Filho bem-amado do Pai. Ele nos deixou uma atitude fundamental para conquistar o passado e enfrentar a morte: "Em verdade vos digo que, se não vos converterdes e não vos tornardes como as crianças, de modo algum entrareis no Reino dos Céus" (Mt 18,3).

Aceitar sua morte

Atravessamos etapas na vida que nos despojam para chegarmos leves ao último degrau. Desde o nascimento, nossos pais não sabem o que faremos na vida, mas sabem que vamos morrer um dia. Nós crescemos, as décadas passam, envelhecemos. Nossas forças diminuem, temos menos resistência para realizar trabalhos domésticos, nos recuperamos mais lentamente de uma gripe, trazemos marcas da idade. Um dia a doença chega, incurável. Os diques da morte se abrem, sua água nos inunda. A morte entra em cena em nossa vida em um passe de mágica. Não é ela que toma a vida dada e acolhida. Teresa d'Ávila, mulher de desejo e de oração, o sabia: "Ó morte, não sei como podemos temer-te, pois é em ti que está a vida!". Para o cineasta Woody Allen, a abordagem é diferente: "Não tenho medo da morte, desejo apenas não estar por perto quando ela vier".

Não é fácil para ninguém aceitar a própria morte quando, por exemplo, o médico diagnostica de forma inesperada uma doença incurável. Existem muitas etapas a atravessar, as quais a psiquiatra Elisabeth Kübler-Ross descreveu bem. Primeiro a negação. A pessoa se retira para compreender o que acontece; o tempo para, a angústia aumenta. Ela pode sentir raiva e revolta, principalmente se parece ter boa saúde: "Por que eu?". Ela tenta camuflar a realidade: "O diagnóstico não é realmente bom". Ela barganha e espera o milagre de sua cura: "Deve existir um remédio em algum lugar. Vou rezar". Como nada muda, vem a depressão. Chega enfim a aceitação, pois aceitar morrer é aceitar viver.

Cada um é livre para escolher sua atitude diante do sofrimento e da morte. Não se trata de saber se existe vida após a morte, mas de sentir-se bem vivendo antes disso. Sempre temos a opção de dizer sim à morte, esta vida que se transforma e nos transfigura, mesmo que a medicina alivie bastante a dor de nossos dias. Não é porque vamos morrer que nos devemos privar das alegrias cotidianas: o canto de um pássaro, o verde das árvores, um olhar terno, partilhar com os familiares uma boa refeição, uma breve oração...

Ninguém sabe exatamente o tempo que lhe resta para viver, mas podemos escolher a maneira de viver o tempo que nos resta. Podemos tomar consciência do momento presente, do que nos rodeia, dos sons que ouvimos, das cores que vemos e dos odores que sentimos. Lembrar-se de momentos de felicidade, êxtase e encantamento, como o nascimento de um filho, um pôr do sol, uma música, um filme comovente, uma obra de arte, a contemplação de uma paisagem, um momento intenso de oração, uma bela liturgia e uma noite de intimidade conjugal. Mantemos assim contato com nosso meio.

Percebendo o fim que se aproxima, a pessoa sente necessidade de se manter aberta e viver momentos de intimidade consigo mesma, com os outros e com Deus, se for religiosa. Pode aproveitar para se despedir das pessoas, aprofundar sua ligação com os outros, colocar em ordem seus negócios e fazer uma última refeição com sua família. As máscaras caem, a tentação do poder não parece ter influência sobre ela. A perspectiva da morte remove dela todo sentimento de dominação. Pode também fazer uma revisão de sua vida, perdoando a si e aos outros, celebrar as realizações e planejar alguns projetos realizáveis a curto prazo.

Desapegamo-nos pouco a pouco de nós mesmos e dos bens materiais até sermos capazes de dizer "sim" à própria morte, ao verdadeiro nascimento. Pois morrer ocupa os nossos dias.

Uma condessa, vivendo os últimos momentos de sua vida, recebeu um convite para um baile dado por outra dama da alta sociedade que ignorava seu estado terminal. A condessa, que sempre fazia as coisas com elegância, fez chegar esta resposta: "Madame, receba minhas desculpas; não poderei ir a vosso baile, estou totalmente ocupada em morrer" (Jean Monbourquette; Denise Lussier-Roussel, *Le temps précieux de la fin*, Montréal, Novalis, 2003, p. 178).

Nascer para o infinito

Tudo acaba, mais cedo ou mais tarde. Eis a morte e seu depois. Nascer para o infinito não é deste mundo. A vida ultrapassa a vida. Ela é outra em sua perfeição – livre, gratuita, absoluta. Aceitando nossa morte, começamos a viver verdadeiramente.

Para os cristãos

Eventos determinados por Deus me ajudaram a encarar a morte: uma pneumonia que assinalou o fim da minha crise dos quarenta e o falecimento de meu sogro que precedeu minha entrada nos sessenta. Partilho com vocês os grandes acontecimentos.

No verão de 1995, uma pneumonia dupla me deixou de cama. Pensei que ia morrer. Mais nada me retinha na vida, nem minha esposa e meus filhos. Eu me sentia tão velho por dentro! Rezava como estava, na posição esticada de um corpo que se entregava a Deus. Não podia fazer mais do que acolher o que vivia no momento presente. Repetia o nome de Jesus a cada respiração, como se desse à luz para nascer de novo. Eu me sentia flutuando no quarto. Mantive-me aberto. Abandonei-me enfim, simples e pobremente, entregando a Deus minha vida que lhe pertencia. Aceitei meus limites. Eu me deixei desfazer para ser refeito de outro modo. Não era resignação, mas a alegria de um reencontro. De manhã, tudo era novo. A morte tornou-se assim uma amiga, uma irmã. Aceitando-a, foi a vida que acolhi. Comecei a viver de verdade.

Desde esse dia, a angústia da morte me deixou. Entrei em outra etapa, um caminho de libertação feito de amor e confiança. Uma jovem carmelita de Lisieux, morta de tuberculose aos 24 anos, traçou o itinerário em manuscritos que só aqueles que não têm mais nada a provar podem decifrar. O encontro com Santa Teresinha do Menino Jesus na ocasião do centenário de seu nascimento (1897-1997) marcou o fim dos meus quarenta. Devo muito a essa mulher, que compreendeu através de sua vida que o amor infinito do Deus Pai, Filho e Espírito, se compraz principalmente no que é pequeno, fraco, abandonado e inexperiente.

O falecimento de meu sogro em 10 de novembro de 2006, com 83 anos de idade, foi outra ocasião de cortejar a morte e aceitá-la. Eu estava muito próximo desse homem de fé. Pude acompanhar com minha esposa os últimos meses de sua doença. Nós o observamos em sua cama no Hospital de Victoriaville, como se olhássemos um recém-nascido. Nós o deixávamos ficar à vontade, orando perto dele, não querendo atrasar seu renascimento em Deus. Ele retornava aos seus na comunhão dos santos. Minha esposa pôde lhe dizer alguns segundos antes de sua partida: "Pode ir, papai, vá se juntar a seus pais que o esperam, a seus irmãos e irmãs, a Jesus que você tanto amou". Nós fechamos seus olhos para que os nossos se abrissem para o verdadeiro nascimento. A morte o iluminou diante de nós. A emoção foi tão viva que quis testemunhá-la em uma coleção de poemas, "L'ensoleillé" [O iluminado], e em uma narrativa com o título provisório "Fraternelle souvenance" [Lembrança fraternal].

Meu sogro morreu como viveu, amando e orando. Minha esposa e eu tivemos a impressão de que ele não partiu, mas chegou enfim a um mundo diferente do nosso. Não desapareceu, apareceu em outro lugar, no mistério de uma presença. Não se extinguiu, foi iluminado no próprio fogo do Ressuscitado. A liturgia da Igreja nos acompanhou até o último adeus com contemplação e respeito. Os cantos e os silêncios, os ritos de incensação e aspersão do corpo conduziram nossa oração até o cemitério.

Os últimos meses da vida de meu sogro mostraram-me três coisas. A vida não tem sentido a não ser na perspectiva de uma salvação que a libera de todo impasse. A morte não tem sentido a não ser no dom de Deus para uma vida eterna. Entre os dois, o amor a viver no cotidiano, que constitui o caminho de tal salvação e o horizonte de uma eternidade que virá. Santa Teresa d'Ávila resumiu isso através dessa máxima: "Viver toda a sua vida, amar todo o seu amor, morrer toda a sua morte".

Há uma mensagem de Jesus na cruz que me acompanha frequentemente nos momentos difíceis da vida e que também apoiou meu sogro. Essa mensagem é uma prece de abandono inspirada no Salmo 30(36),6: "Pai, em tuas mãos entrego o meu espírito" (Lc 23,46).

Lucas é o único evangelista que relata essa oração. Jesus entrega seu espírito, quer dizer, sua vida, com confiança nas mãos do Pai. Adoraria que essa oração fosse a minha na hora da morte. Jesus morre e vive em nós. Nós formaremos um corpo com ele na morte, a obra de amor para sempre.

Viver a obra de amor

Em uma conferência sobre a morte, em julho de 2008, perguntei o que os participantes fariam se lhes restasse uma hora para viver. As respostas foram variadas e cheias de vida. Veja algumas:

– Reuniria minha esposa e meus filhos e lhes diria o quanto os amo.

– Eu me recolheria em silêncio e rezaria.

– Faria exatamente o que estou fazendo neste momento.

– Não sei, a questão é muito abstrata e hipotética.

– Telefonaria a alguém para pedir perdão.

– Tomaria uma taça de vinho ao sol.

– Eu me organizaria para que todos os meus papéis estivessem em ordem, principalmente o testamento e o plano funerário.

– Eu iria me deitar, para não preocupar meus próximos.

A morte é misteriosa e silenciosa. É fácil falar dela quando não a vemos próxima ao nosso leito. Percebemos sua chegada a passos lentos, para nós e para os outros, no infinito de uma ausência presente. Ela nos força a ir além das aparências, nos faz entrar nas profundezas de nossa alma, nos abre uma janela na noite da vida. Dá às horas sua densidade de amor ou de rancor. Em certos momentos, cantamos para amansá-la; em outros, nos sentimos benditos por ela.

A morte traz a sabedoria do despojamento abissal no momento de deixar a vida. Faz rachar os corpos como uma casca, renova como um amanhecer, livra o gelo da angústia para ceder ao apelo da amplidão e levá-lo a um oceano de esperança. Mantém a promessa feita à alvorada de rejuvenescer em outro lugar. Enfrentá-la com serenidade é ampliar a consciência do que somos.

A morte é o silêncio depois do salto, o bálsamo sobre os olhos, o sol sobre a neve, a ponte sobre o turbilhão, a paz depois do combate, o luto do efêmero e a realização da vida. Através dela, arremessamo-nos fora do tempo, caímos nos braços de Deus, entramos enfim em nós, em nossa casa, com essa parte secreta que ninguém conhece aqui embaixo.

A morte é uma força incontrolável. Ela parece nos destruir no caminho do retorno. Mas transforma tudo em frutos, principalmente quando nos lançamos sobre ela por meio do amor e fazemos do inevitável despojamento o dom voluntário de nossa pobreza. Ela é o artista que cria o novo, se oferecemos o que devemos. Podemos atravessá-la pelo sopro do Espírito que reúne as ossadas secas no nosso vale de lágrimas.

> Ele me disse: "Profetiza sobre estes ossos e dize-lhes: Ossos ressequidos, ouvi a palavra do SENHOR! Assim diz o SENHOR Deus a estes ossos: Vou infundir-vos, eu mesmo, um espírito para que revivais. Eu vos darei nervos, farei crescer carne e estenderei por cima a pele. Porei em vós um espírito para que revivais. Então sabereis que eu sou o SENHOR".

> Então ele me disse: "Filho do homem, estes ossos são toda a casa de Israel. Eles dizem: 'Nossos ossos estão secos, nossa esperança acabou, estamos perdidos! Por isso, profetiza e dize-lhes: Assim diz o SENHOR Deus: Ó meu povo, vou abrir vossas sepulturas! Eu vos farei sair de vossas sepulturas e vos conduzirei para a terra de Israel. Ó meu povo, quando abrir vossas sepulturas e vos fizer sair delas, sabereis que eu sou o SENHOR. Quando incutir em vós o meu espírito para que revivais, quando vos estabelecer em

vossa terra, sabereis que eu, o SENHOR, digo e faço – oráculo do SENHOR" (Ezequiel 37,4-6.11-14).

Para os cristãos

Jesus conhecerá uma morte violenta na cruz e depois, no terceiro dia, vai ressucitar dentre os mortos. Eis o coração da fé cristã. A morte foi tocada em pleno coração, em uma certa manhã de Páscoa, por uma mensagem de vida. Dom da fé e coragem de crer! Não havia câmeras na queda de Jesus, isso é algo que vai além de um noticiário. A ressurreição de Jesus é uma questão de fé. A própria morte grita vitória, livra-se da cova escura que a mantinha presa. Seu canto palpita no invisível da queda. O Cristo levanta vitorioso nos cemitérios de novembro. Percebemos às vezes esse canto de esperança na liturgia da Igreja, como essa oração de abertura da missa para pedir a graça de uma boa morte: "Deus, que nos criou à sua imagem, tu vês que somos vivos; e para que a morte não nos destrua, teu Filho veio vencê-la morrendo. Concede-nos a graça de envelhecer com ele na oração, para que na hora de deixar este mundo estejamos em paz contigo e com todos e encontremos a vida no mais profundo de tua misericórdia".

Um novo nascimento

Há um tempo para tudo, diz Coélet, chamado também Eclesiastes: "Há um tempo para nascer e um tempo para morrer" (Ecl 3,1-2). Da infância à velhice, quantas passagens e viagens empreendemos! Fazemos a conta olhando ferramentas enferrujadas, evocando brincadeiras esquecidas, nomeando as festas e as partidas, folheando velhas agendas. "Tomamos sempre um trem para algum lugar", cantava Gilbert Bécaud. E é assim que chegamos um dia à estação central, com ou sem bagagens, leves ou pesados, com o dom que fizemos de nossa vida.

Tudo começa com o nascimento e finda com a morte, que é frequentemente vista como um segundo nascimento. Nascemos e morremos como podemos, se bem que para alguns morremos uma vez a mais. O nascimento e a morte são as duas grandes experiências pessoais de nossa vida. Operam uma transformação radical que nos faz passar de um meio a outro. Chegamos ao mundo sós e deixamos o mundo sós, mesmo que os entes queridos estejam perto de nós. Ninguém pode nascer e morrer em nosso lugar.

Uma sociedade que perde todo o contato natural com a morte é uma sociedade que se afasta da infância. Quando o fim da vida não ilumina mais seu começo, a vida perde sua cor. Porém, o fim e o começo convivem sem parar, à margem do berço e do leito, deixando passar o dia ou a noite, o nascimento ou a morte.

> Jamais fui criança
> Eu que posso falar da infância
> Como falo da morte
> Invento minha infância e invento a morte
> Passageiro, eu me asfixio de estar nascendo morrendo
> E procuro meu elo em outro lugar a outra hora.
> (Paul Eluard, *Poésie ininterrompue*, Gallimard, 1972, pp. 109-110)

A criança chega com suas contrações e os primeiros gritos. Todo mundo ao redor fica radiante. Ela parte transpirando, devolvendo o sopro que lhe foi emprestado, e choramos. Um aforismo indiano diz: "Em teu nascimento, tu choraste enquanto todos se alegravam. Viva de forma que em tua morte todos chorem e tu te alegres".

Viver é nascer para morrer. Essa morte faz sua obra em nós através das células que envelhecem e são perdidas. Trazemos a morte em nós, assinala o poeta Patrice de La Tour du Pin, influenciado pela biologia; mas para o cristão que ele é, o nascimento leva à manhã de Páscoa.

> De sentir que a morte está em si, que morremos a cada instante, que a morte não é apenas o final, que seu efeito começa desde o nascimento, isso explica enormemente as coisas sobre a Paixão de Cristo, que começa em seu nascimento. A Páscoa começa no Natal – no Batismo, que se inscreve no movimento da morte... É uma perspectiva muito interessante do ponto de vista cristão. É preciso deixar ao mesmo tempo o nascimento e a morte: essa união de duas forças me parece ser o mistério de nossa vida, que a ressurreição de Cristo transforma (Patrice de La Tour du Pin, Rencontre de Patrice de La Tour du Pin, *Promesses*, 1966, 17, p. 50).

Para os cristãos

> Nunca terminamos de nascer. Nosso nascimento avança até nosso derradeiro "parto", para retomar a expressão de Santo Inácio de Antioquia, martirizado em Roma por volta de 117: "É bom morrer para me unir ao Cristo [...] Meu renascimento se aproxima [...] Deixe-me receber a luz pura" (Carta aos Romanos). Dezoito séculos mais tarde, a carmelita Isabel da Trindade dirá algo parecido na véspera de sua morte: "Eu vou para o amor, a luz e a vida". Que nesse instante do último encontro em que Deus nos revelará enfim seu verdadeiro nome e sua face, possamos dizer com Santa Clara de Assis: "Meu Deus, obrigada por ter me criado".
>
> O que nós chamamos de morte é uma transição de um plano a outro. Tudo se transforma. Para os que creem, a morte é vista como o dia do verdadeiro nascimento. Santa Teresa de Lisieux escreveu algumas palavras antes de sua morte: "Eu não morro, entro na vida". Quantas estações para aprender a viver e a morrer, a rezar e a amar! Quantas passagens para assumir o próprio nascimento e alcançar sua humanidade! A fé cristã nos

diz que Deus aceitou o risco do amor tornando-se carne de nossa carne, para que alcançássemos seu nascimento em nós.

As pequenas mortes

Aos 60 anos, nós já tivemos a experiência da morte várias vezes, se não pela doença, por depressão, provações, perdas de membros de nossa família ou falecimento de amigos. Morremos ao longo de toda a nossa vida. Nosso próprio sono parece a morte. Morremos cada vez que nos mudamos e nos despedimos de alguém. Morremos quando partimos em viagem e deixamos alguma coisa para trás. Morremos quando realizamos uma ascese. O atleta que se prepara para uma competição ou o artista que exerce sua arte vivem pequenas mortes.

Após a morte de Sócrates, Platão mostrou que filosofar é aprender a morrer, pois a filosofia é sobretudo uma meditação da vida que nos conduz além de nós mesmos e nos despoja do que não é essencial. Essa meditação se constrói através dos fracassos, das derrotas, dos sofrimentos, das provações e dos lutos. Quem fala hoje em dia da lei do grão de trigo, que cai na terra e morre para dar frutos? Em um mundo de distrações e angústias, preferimos não ver o que envelhece, o que morre, pois tudo parece vazio depois, então procuramos a diversão e a fuga à exaustão. A obsessão do sexo torna-se sintoma da recusa da morte, um meio de provar que estamos vivos. Não nos podemos reconciliar com a morte a não ser dando um sentido para a vida. Essa é nossa nobreza de "caniço pensante", dizia Pascal, pois somos os únicos a saber que morremos.

Um exemplo dessa meditação fecunda da morte. O que teria sido a vida de Alexandre Soljenitsyne sem a experiência terrível do *gulag*?* Falecido em 4 de agosto de 2008, aos 89 anos, esse prêmio Nobel da literatura mostrou através de sua vida e de sua fé ortodoxa que certas desgraças nos obrigam a aprofundar nossa vida interior, a nos elevar espiritualmente. Seu corpo, no rigor do totalitarismo soviético, deu a seu espírito uma liberdade e uma criatividade que não teria conhecido de outra forma. Ele abençoou a prisão que lhe deu a oportunidade de ser o escritor que se tornou. Atualmente, fala-se de "resiliência". Nelson Mandela disse algo sobre ela, e Ingrid Betancourt também.

"O homem se revela diante do obstáculo que se opõe a ele", escreveu Saint-Exupéry em *Terra dos homens*. Beethoven compôs sua *Nona Sinfonia* quando já estava surdo. Madre Teresa tomou consciência de sua vocação em Calcutá e se colocou a serviço dos mais pobres entre os pobres. O Abade Pierre descobriu-se apóstolo dos desabrigados no inverno de 1954. Certo autor escreveu um best-seller quando já estava cego, um artista deficiente dança utilizando suas próteses. A lista seria longa. Um provérbio árabe diz: "Não são as dificuldades do caminho que fazem mal aos pés, mas a pedra que existe em seu sapato".

Pense nos políticos Charles de Gaulle e Winston Churchill, que não se teriam tornado o que foram sem a experiência da Segunda Guerra Mundial. Pense nos sobreviventes dos campos de concentração ou do gueto de Varsóvia como Martin Gray, Viktor Frankl e Élie Wiesel. Eles encontraram um sentido para a vida mantendo

---

* Campos de concentração da antiga União Soviética. (N.E.)

a memória dos horrores que viveram. Esses e aqueles que morreram nesses mesmos campos fizeram florir a paz, como Maximiliano Maria Kolbe, Etty Hillesum e Édith Stein. "O homem é o que ele crê ser", escreveu Tchekhov.

Morremos de diferentes maneiras para dar nascimento à vida. Cada parto é uma pequena morte, cada criação de uma obra artística também. Morremos todo o tempo para melhor viver o último momento como a satisfação de nossa vida. A morte é uma realização, não uma destruição. É frequentemente vista como um sonho que nos desperta, uma presença que nos acompanha noite e dia, um nascimento que trazemos em nós, uma partida rumo a um novo dia, uma ressurreição.

Para os cristãos

Morremos também de uma certa maneira quando rezamos de olhos fechados, em silêncio, no recolhimento de uma oração. A oração cristã nos ensina a morrer nos centrando em Cristo, que passou da morte para a vida. Essa forma de oração solitária é um tipo de morte, de desapropriação de si, em que nos colocamos imóveis diante do Senhor durante longos minutos, por amor, apesar das inevitáveis distrações. Temos um ar de sono, mas a vida nunca foi tão intensa porque interior e habitada pelo Espírito Santo, o mestre por excelência da oração que vem ajudar nossa fraqueza.

Corpo e alma

Um dia, as crianças perguntaram ao professor o que é morrer. Ele lhes respondeu que é como dormir sem sonhar. Uma criança exclama espontaneamente: "Eu não morrerei nunca, pois minha mãe me acorda todas as manhãs".

Através da morte, o corpo para de dormir. Ele vem à luz depois de uma longa gestação na noite deste mundo. Comunicamo-nos com todo o nosso corpo durante décadas. Mantendo nossa alma, cultivamos nossa verdadeira personalidade, que continua essa comunicação de outro modo.

Dizemos às vezes de alguém que morre que ele entregou sua alma a Deus. A alma não sai do corpo, ela é separada. Como? Mistério. Qual enigma da alma sem peso, vital como um sopro partilhado. Ela é uma chama viva por dentro que nos acompanha a cada instante e que não podemos perceber a não ser através de um olhar amoroso. Estremece de vida, apesar da decrepitude do corpo, denso de todas as nossas relações. Obtém sua seiva de nossa fé em um Deus que tem suas conivências com a infância.

> Os antigos imaginavam que a alma do morto, tal como uma criança, ia rumo a Deus levada pelos anjos. É assim então, segundo eles, que o ato de morrer possui alguma afinidade com a infância, uma infância espiritual que tem liberdade de andar e do movimento que ainda não tinha tido tempo de reunir (Henri Bourgeois, *La mort*, Paris-Ottawa, Desclée-Novalis, 1988, pp. 47-48).

No Novo Testamento não se fala tanto de um corpo perecível e de uma alma imortal. Essa distinção vem da Grécia antiga. O corpo na Bíblia designa todo o ser humano que entra em relação com o cosmos, os outros e Deus. Esse corpo é chamado à ressurreição. Dois verbos são usados correntemente para expressar esse mistério da vida: despertar e elevar. Essas palavras evocam a imagem do sono. Elas significam que os mortos que estão dormindo despertarão na luz e se elevarão à vida. "M'illumino d'immenso", escreveu Ungaretti, morto em Milão em 1970: "Me ilumino de imensidão".

Para os cristãos

A ressurreição não concerne apenas ao pós-vida; ela começa já nesta vida, no Batismo. Deus está em nós como uma semente que germina em nossa humanidade chamada à ressurreição. Na morte, realizar-se-á a plena revelação da glória divina em nós. Nosso corpo carnal torna-se um corpo espiritual. Assim como nosso corpo se transforma aqui embaixo, ao longo da vida, mantendo sua identidade, ele se transformará de uma maneira nova na ressurreição de Cristo. É difícil dizer, pois não sabemos o que é um corpo espiritual, glorioso. Nós só nos podemos apoiar nesta mensagem de Jesus:

"Na casa de meu Pai há muitas moradas.
Se não fosse assim eu vos teria dito,
pois vou preparar-vos um lugar,
e quando for e vos tiver preparado um lugar
virei novamente e vos levarei comigo,
a fim de que, onde eu estiver,
estejais vós também."
(Jo 14,2-3)

Nossa fé em Cristo ressuscitado é garantia de nossa própria ressurreição. Essa relação pessoal é uma comunhão de mistério a mistério, o que é Deus e o que nós somos. Apropriamo-nos dessa fé interior acolhendo a vida que vem do exterior. Quem quer que esteja presente para si mesmo e deseje se abrir a uma dimensão mais profunda de seu ser, pode passar da fé em si à fé em Deus, da fé em Deus à fé em Cristo.

Cada um deve se deixar incendiar pelo calor do amor do Pai, deixar-se invadir por seu Espírito que faz estremecer o silêncio até o pó da morte.

"Os teus mortos tornarão a viver, os teus cadáveres ressurgirão.
Despertai e cantai, vós os que habitais o pó,
porque teu orvalho será orvalho luminoso,
e a terra dará à luz sombras."
(Is 26,19)

Em frente

Nossa sociedade comercial afasta a morte de seu cotidiano pois tem medo dela. Não queremos vê-la, recusando assim a fecundidade da vida. Não temos mais tempo de viver o luto de um ser querido. Podemos falar de *fast-food* funerário, *à la carte* e a preço alto. Tudo é feito rapidamente, como se a morte fosse só separação, afastamento e ruptura.

O Abade Pierre afirmava com justiça que na morte "existem mais reencontros que separações". Esse grande religioso testemunha que nós não deixamos os nossos para trás quando morremos, mas que vamos ao encontro do conjunto da humanidade que já está lá, à espera de acolher aquele que virá.

Irmã Emmanuelle, falecida serenamente em outubro de 2008, na França, falava também de um Deus que está sempre à frente. A palavra que ela adorava repetir é árabe: *Yalla!* [Em frente!]. Em seu testamento espiritual, lido na missa de réquiem na catedral de Notre-Dame, em Paris, ela escreveu: "Nós o sabemos, o Amor é mais forte do que a Morte, o laço de amizade profunda que estabelecemos na alegria tem um valor de eternidade feliz". Um biblista disse a mesma coisa com outras palavras:

> Além da morte, nós seremos recebidos por nosso comitê de acolhimento, o qual será composto daqueles e daquelas que amamos. Cônjuge, filhos, pais e avós, família mais afastada, círculo de amigos, rede de solidariedade e, talvez principalmente, grupos de pobres e de pequenos dos quais fomos próximos. Deus terá o calor de seu amor, a bondade de seu acolhimento, a alegria de nos reencontrarmos. Deus não nos pode amar menos que nossos

próximos. Se sei que um só ser humano me quer com ele pela eternidade, sei que Deus quer minha salvação (André Myre, *Vieillir em douce,* Office de catéchèse du Québec et Novalis, 1997, p. 124).

Sabemos tão pouca coisa sobre a morte, o lado de lá, o céu... Por outro lado, conhecemos o preço desta vida, daí a importância de criarmos laços, de amar, de perdoar e de viver a compaixão. Cada um deve dizer "sim" ao acolher o outro, apesar da vida não ser sempre bela, ou de "nos fecharmos" em uma solidão difícil para os outros oferecerem amor e fraternidade.

Não somos bilhetes de loteria ou de metrô, descartáveis após o uso. A vida não é demarcada em etapas, ascendentes ou descendentes. Permanece uma tarefa emocionante que continuará sempre incompleta até nossa morte, pois sabemos que o que brilha hoje será pó ou cinza amanhã.

O sentimento de nossa própria morte torna a vida menos insípida, mais intensa. Aceitar nossa finitude e nossa imperfeição é a chave de nossa iluminação, até porque o cofre não segue o carro fúnebre. Viver é estar exposto ao que vem: a morte e a vida.

É uma irmã bem doce
a morte
que viaja invisível
ao nosso lado
benevolente e misteriosa.

Ela chega à sua hora
muitas vezes a menos esperada

nos esvazia por dentro
para que entre o amor.

Ela se estende
lisa e nua
sob o corpo enfraquecido
o toma pela mão
depois de uma noite de agonia
para um último beijo
que o liberta.

(Jacques Gauthier, *L'ensoleillé*,
Éditions du Passage, 2008, p. 65)

Conclusão

Quer estejamos com mais ou menos de sessenta anos, a vida não se deixa encadear pelas etapas e pelos anos que passam. Quem pensa conhecê-la se engana. Somos sempre prisioneiros do que possuímos. Como conquistar a vida, se somos seus herdeiros? Só podemos acolhê-la. Ela ridiculariza nossas preocupações, seja na aposentadoria, no começo da velhice ou no momento da morte. Deseja apenas escorrer livremente, na medida de nossa sede inextinguível, a única bebida que nos pode levar à fonte escondida do coração.

A vida nos precede ininterruptamente no caminho do desejo irremediável que se torna mais profundo e intenso de acordo com as ausências e os desertos. Ela se acomoda em moradas desconhecidas de nosso ser, clareia as sombras de nossa face interior. Nós não temos necessidade de outra luz, já que acessamos aquilo que somos. Viver é iluminar e transbordar, em qualquer idade.

Aprendendo a viver com nós mesmos, a idade deixa de ter influência sobre nós. Os calendários não nos fazem mais submissos diante da velhice e da morte, mesmo quando enumeramos os obituários de velhos conhecidos. Acreditar-se velho é uma ilusão quando o coração se enraíza na esperança de uma alegria que o alivia de tudo que não é humano. Frágil como a vida, a felicidade derrama sua água em nós, desde que nos recolhamos imóveis e atentos ao ritmo do espírito.

A alegria se satisfaz mesmo com nossa incapacidade de amar verdadeiramente, para além do que podemos cobiçar. Ela é a bússola que guia a agulha de nosso coração de criança rumo à eternidade. "Amadurecendo, ela ganha em interioridade. Interiorizando-se, ela ganha em intensidade. Envolvendo-se de mistério, ela se torna eterna!"[1] Não é mais o que fazemos que importa, mas a felicidade de ser quem somos.

Aos sessenta anos, alcançamos uma mudança na vida em que percebemos o outro com um despojamento maior. Deixamos o universo do esforço e do alto desempenho por uma simplicidade que desarma e uma fragilidade que liberta. Nossas realizações são coisas pequenas diante da glória que nos habita. Quanto mais envelhecemos, mais nos despojamos, mais nos tornamos independentes e mais contemplamos. O coração torna-se líquido, o julgamento mais flexível e o tom menos rígido. Aceitamos não compreender tudo. Nós sabemos que não sabemos. Nossas mãos vazias contêm a melhor parte.

---

[1] Yves Girard, *Le vide "habité"*, Québec, Anne Sigier, 2004, p. 173.

Os sessenta anos é a idade de se olhar com indulgência e desfrutar o que há de melhor em nós. Nós não vivemos em função do amanhã, mas da esperança que invade o presente. O tempo perdido não volta mais, sentimos então um vazio, sofremos com nossa aridez e nossa indigência. Não é mais época de criar sua vida, mas de imergir e se abandonar a ela. O que admiramos nas crianças torna-se reflexo de nosso ser. Aplaudimos o que quer nascer. Fazemos um balanço de nossa vida e nos surpreendemos com a estranheza de nossa própria escolha. Esquecemos um percurso, um perdão, uma ferida... O caminho continua imprevisível até o fim, nossas tarefas inacabadas, pois nunca terminamos de nos tornar nós mesmos. Essa realização se vive onde estamos enraizados, na idade que temos. A história de nossa vida é entrecortada de desafios a superar e atitudes a desenvolver, até o farol que procuramos para chegar a um bom porto, sem muitas ilusões.

Algumas etapas para se fortalecer

- Solidão: abandonar-se, deixar-se aberto, ter tolerância à noite.
- Desilusão: aceitar seus limites, reconsiderar seu passado.
- Dúvida: autenticidade, escutar suas feridas, confiança.
- Depressão: reconhecer suas fraquezas, admitir seu lado escuro.
- Indiferença: habitar sua secura, descentrar-se para o outro.
- Tédio: rever seus valores, doar-se, encantar-se.
- Consciência da morte: ser criador, realizar-se ao servir.
- Necessidade de interiorização: ser, amar, orar.

Aos sessenta anos, conhecemos nossas raízes o suficiente para soltar as amarras e partir para o alto-mar da confiança. Não lutamos mais contra moinhos de vento. Deixamos as falsas seguranças para sondar a profundidade de nosso poço. Aceitamos ser conquistados, avançar na noite da aridez espiritual, sem garantias. Esvaziamo-nos diante da doença e da morte admitindo que todos os caminhos serão sempre difíceis. O fim já nos ofusca. Nosso coração se aplaca diante do infinito, pois um amor nos aguarda, escreveu Irmã Geneviève – carmelita, falecida em Montpellier em 1973 – nesse poema encontrado entre seus papéis. Eis um trecho:

> O que se passará do outro lado,
> Quando tudo para mim
> Terá caído na eternidade,
> Eu não sei.
> Eu creio, creio apenas
> Que um amor me aguarda.

> Eu sei, porém, que então terei de fazer,
> Pobre e sem bagagem,
> O balanço de mim mesma.
> Mas não pense que me desespero.
> Eu creio, creio muito
> Que um amor me aguarda.

> É a um amor que me retiro docemente.
> Se eu morrer, não chore:
> É um amor que me toma.
> Se eu tenho medo – e por que não? –,
> Lembre-me simplesmente
> De que um amor, um amor me aguarda.

A vida começa aos sessenta, como começa a cada idade: época de compreensão e interioridade, de discernimento e liberdade. Nós avançamos com um bater de asas rumo a uma festa sem fim, para reencontrar o autor do sétimo dia.

Basta ser e se deixar envolver.

É o tempo do descanso abundante, da inútil gratuidade, do que é único e necessário.

Para os cristãos

Quanto mais os anos levam o que resta de vitalidade, mais é época de se deixar amar e se abandonar em Deus, como testemunha esse texto de um velho devoto de Maria Imaculada:

"Perde-se a memória
Por só pensar em Deus;
Perde-se a compreensão
Por só escutar a Deus;
Perdem-se os olhos
Por só ver a Deus;
Perdem-se os seres queridos
Para só se ligar a Deus;
E perde-se a casa
Para desejar unicamente
A Casa de Deus."
(André Daigneault, op. cit., p. 172)

Nós entramos prazerosamente na casa de Deus. Ele respira melhor em nós, seus filhos. Nós lhe revelamos sua própria beleza acolhendo-o como uma criança. Cada uma de suas palavras vibra de densidade. Assentamo-nos mais e mais em seu silêncio de amor como diante do mar, para meditar sobre sua mensagem. Ele sobe a nossos pés como a maré, para nos tocar com seu beijo. Existe mensagem mais bela que esse abraço misterioso de um Deus que nos arrasta à morte para nos mergulhar em sua vida?

Impresso na gráfica da
Pia Sociedade Filhas de São Paulo
Via Raposo Tavares, km 19,145
05577-300 - São Paulo, SP - Brasil - 2014